*Geschichten aus der Bibel
erzählt von Manfred Mai*

Das Neue Testament

Geschichten aus der Bibel

erzählt von Manfred Mai

Das Neue Testament

Mit Bildern von Jan Lieffering

Ravensburger Buchverlag

Überraschender Besuch

Vor mehr als zweitausend Jahren lebte in der kleinen Stadt Nazaret in Palästina eine junge Frau mit Namen Maria. Sie war mit dem Zimmermann Josef verlobt und die beiden wollten heiraten. Da geschah eines Tages etwas Unglaubliches: Ein Engel erschien der jungen Frau und sagte: „Sei gegrüßt, Maria! Gott ist mit dir."
Maria erschrak sehr und fürchtete sich.
„Hab keine Angst", beruhigte sie der Engel. „Gott schickt mich, weil er dich unter allen Frauen ausgewählt hat."
„Ausgewählt? Wozu?", fragte Maria verwirrt.
„Du wirst einen Sohn bekommen, den du Jesus nennen sollst", antwortete der Engel.
Maria glaubte, nicht richtig gehört zu haben. „Aber … aber, wie kann ich einen Sohn bekommen, wenn ich doch noch gar nicht mit einem Mann zusammenlebe?"
„Ich verstehe, dass du dich wunderst", sagte der Engel. „Aber denk daran, für Gott

ist nichts unmöglich. Es wird durch seine Kraft geschehen und deshalb wird das Kind Gottes Sohn sein."

Maria schaute den Engel mit großen Augen an. Bei jemand anderem hätte sie gedacht, er sei verrückt. Aber aus seinem Mund klangen die Worte so überzeugend, dass sie sagte: „Ich kann mir das alles zwar nicht vorstellen, aber wenn es wirklich Gottes Wille ist, so soll es geschehen. Ich bin bereit."

Der Engel verließ Maria und sie wurde schwanger.

Als Josef das erfuhr, wollte er sich von Maria trennen, denn er dachte, sie sei ihm nicht treu gewesen. Da erschien im Traum auch ihm ein Engel und sagte: „Denke nicht schlecht von Maria, sie hat keinen anderen Mann. Das Kind, das sie erwartet, hat keinen menschlichen Vater. Es ist Gottes Sohn, den du Jesus nennen sollst. Er wird einmal ein großer König werden."

Am nächsten Morgen erinnerte sich Josef an die Worte des Engels. Maria erwartete ein Kind von Gott? Und dieses Kind sollte auch noch ein großer König werden? Das klang sonderbar, sehr sonderbar, so etwas hatte er noch nie gehört. Aber ihm war ja auch noch nie ein Engel erschienen. Josef wusste nicht, was er davon halten sollte. Er war hin- und hergerissen, dachte lange nach und entschied sich schließlich doch, bei Maria zu bleiben, denn er liebte sie sehr.

Ein besonderes Kind

Zu der Zeit, als Maria und Josef lebten, gehörte Palästina mit seinen Provinzen Galiläa, Judäa und Samaria zum Römischen Weltreich und Kaiser Augustus war der mächtigste Mann der Erde. Er ordnete eine Volkszählung an, weil er wissen wollte, wie viele Untertanen er hatte. Dazu mussten sich alle Menschen seines Reiches in ihrer Geburtsstadt in eine Liste eintragen.

Josef stammte aus Betlehem in Judäa und machte sich zusammen mit der schwangeren Maria auf den langen und beschwerlichen Weg in seinen Geburtsort. Maria saß auf einem Esel, weil sie mit ihrem dicken Bauch nicht den ganzen Weg zu Fuß gehen konnte.

Als sie in Betlehem ankamen, war es schon dunkel. Maria war sehr müde und sehnte sich nach einem Bett. Josef fragte in mehreren Gasthäusern nach einer Unterkunft, aber nirgendwo war ein Zimmer für sie frei. Da erinnerte er sich an eine Cousine, die mit ihrem Mann in Betlehem wohnte. Josef fragte sich zu ihrem Haus durch und als er es gefunden hatte, klopfte er erleichtert an die Tür. Doch die beiden wollte keine schwangere Frau im Haus. Das bringe nur Unannehmlichkeiten, sagten sie.

Verzweifelt führte Josef den Esel mit Maria weiter durch die Gassen. Aber egal, wo er auch fragte, niemand wollte sie aufnehmen. Am Ende fand er nur einen Stall, in dem sie bleiben konnten. Maria war froh, wenigstens ein Dach über dem Kopf zu haben, denn sie spürte, dass das Kind bald kommen würde. Es bewegte sich immer heftiger in ihrem Bauch.

Noch in dieser Nacht kam das Kind zur Welt. Josef hätte gern eine Kerze angezündet, um in dem dunklen Stall mehr sehen und Maria besser helfen zu können. Aber er hatte Angst, Heu und Stroh könnten Feuer fangen. Während er noch überlegte, was er tun sollte, wurde es plötzlich hell. Das Licht kam von einem neuen Stern, der am Himmel über Betlehem erstrahlte.
Maria wickelte das Neugeborene in Windeln und Josef füllte eine Futterkrippe mit Heu. Behutsam legte die junge Mutter das Kind dort hinein, denn sie hatte kein anderes Bett. Maria und Josef betrachteten den winzigen Jesus. Er lag genauso hilflos da wie alle Neugeborenen. Doch sie wussten, dass er ein besonderes Kind war.

Eine gute Nachricht

Zur gleichen Zeit hielten einige Hirten draußen auf dem Feld Wache bei ihren Schafherden. Die Nacht war dunkel und still – bis plötzlich am Himmel ein ungewöhnliches Licht erstrahlte. Die Hirten bekamen Angst und wollten weglaufen.
„Fürchtet euch nicht", hörten sie eine Engelstimme sagen. „Ich bringe euch und allen Menschen eine gute Nachricht: Heute Nacht ist in Betlehem Gottes Sohn geboren worden. Er wird die Menschen von allen Sorgen und aller Not erlösen. Geht hin und schaut ihn euch an. Ihr findet ihn in Windeln gewickelt in einer Futterkrippe."

Kaum hatte der Engel diese Worte gesprochen, erschienen noch mehr Engel. Sie lobten Gott und sangen:
*„Ehre sei Gott in der Höhe
und Friede den Menschen auf Erden!"*
Dann wurde es wieder still und dunkel. Die Hirten redeten aufgeregt durcheinander und fragten sich: „Haben wir das vielleicht nur geträumt?"
„Aber wir können doch nicht alle genau das Gleiche träumen", meinte einer. „Also müssen wir die Engel wirklich gesehen und gehört haben."
Die Hirten beschlossen, nach Betlehem zu gehen und das neugeborene Kind zu suchen. Sie fanden den Stall und das Kind in der Krippe, genau wie es der Engel gesagt hatte. Maria und Josef wunderten sich, woher die Hirten von der Geburt wussten. Da berichteten sie von dem Engel, der ihnen erschienen war, knieten vor dem Kind nieder und beteten. Dann verließen sie den Stall, liefen in die Stadt und erzählten allen Leuten, was in dieser Nacht geschehen war. Manche hielten sie für betrunken, manche für verrückt und manche glaubten ihnen. Maria dachte noch lange über die Worte der Hirten nach und fragte sich, was das alles wohl zu bedeuten habe.

Der Stern über Betlehem

In einem fernen Land im Osten, das man Morgenland nennt, lebten drei weise Männer, die den Sternenhimmel beobachteten. In der Nacht, als Jesus geboren wurde, entdeckten sie einen neuen Stern, der größer war und heller leuchtete als alle anderen Sterne. Die weisen Männer wussten, was das zu bedeuten hatte: Ein neuer König war geboren worden, der mächtiger war als alle anderen Könige auf der Erde.

Den wollten sie unbedingt sehen und anbeten. Also machten sie sich mit Geschenken auf die lange Reise und folgten dabei dem Stern. Schließlich kamen sie nach Jerusalem und gingen zu König Herodes, der damals über Palästina herrschte. Sie fragten ihn: „Wo ist der neugeborene König der Juden?"

Herodes erschrak. Der neugeborene König der Juden? Was hatte das zu bedeuten? Er war doch der König und er wollte keinen anderen König neben oder gar über sich haben. Sofort rief er seine Berater zu sich und fragte, ob sie etwas von einem neuen König wüssten. Sie lasen in ihren alten Schriften und antworteten ihm: „Die Propheten Jesaja und Micha haben verkündet, dass in Betlehem ein neuer König geboren wird."

Herodes ließ die drei Weisen aus dem Morgenland wieder zu sich kommen und sagte hinterlistig: „Geht nach Betlehem und erkundigt euch nach dem Kind. Wenn ihr es gefunden habt, gebt mir Bescheid, damit auch ich es besuchen und ihm Geschenke bringen kann."

Die drei Weisen machten sich auf den Weg nach Betlehem, wo der Stern genau über einem Stall stehen blieb. Dort fanden sie das Kind in der Krippe und fielen vor ihm auf die Knie. Dann packten sie ihre Geschenke aus: Gold, Weihrauch und Myrrhe.

Maria und Josef wunderten sich, denn sie wussten nicht, dass Gold, Weihrauch und Myrrhe die üblichen Geschenke für einen neuen König waren.

In der Nacht befahl Gott den drei Weisen im Traum, nicht wieder zu Herodes zu gehen, sondern auf einem anderen Weg in ihr Land zurückzukehren.

Die Flucht vor Herodes

Auch Josef erschien im Traum wieder ein Engel und sprach zu ihm: „Steh auf, nimm das Kind und seine Mutter und flieh mit ihnen nach Ägypten. Bleibt so lange dort, bis ich dir sage, dass ihr zurückkommen könnt. Denn König Herodes wird das Kind suchen lassen, um es zu töten."

Früher hätte Josef nach dem Aufwachen den Kopf geschüttelt und sich gefragt, warum er so eigenartige Dinge träumte. Doch nach allem, was seit Marias Schwangerschaft passiert war, wunderte er sich über nichts mehr. Er stand auf, weckte Maria und erzählte ihr seinen Traum. Sofort packten sie ihre Sachen zusammen, verließen noch bei Nacht Betlehem und flohen nach Ägypten.

Als Herodes merkte, dass ihn die drei Weisen aus dem Morgenland getäuscht hatten, wurde er wütend. Er schickte Soldaten nach Betlehem, doch die fanden Jesus nicht. Da fürchtete Herodes, der neue König könnte ihm seinen Thron streitig machen und gab einen furchtbaren Befehl: „Tötet alle Jungen unter zwei Jahren in Betlehem und in der Umgebung!"
Die Soldaten waren entsetzt und wollten das nicht tun. Da drohte ihnen Herodes, sie auch töten zu lassen. Also marschierten die Soldaten los und brachten hunderte unschuldiger Kinder um. Überall hörte man Weinen und Klagen.
Zu der Zeit waren Maria und Josef mit dem kleinen Jesus längst in Sicherheit. Sie lebten einige Zeit in Ägypten – bis der Engel Josef wieder im Traum erschien und sagte: „Nimm das Kind und seine Mutter und kehre mit ihnen in das Land Israel zurück, denn König Herodes ist gestorben".
Josef gehorchte und machte sich mit Maria und Jesus auf den Weg. Nach einer langen und anstrengenden Wanderung trafen sie wieder in Nazaret ein, wo sie dann wie viele andere Familien lebten.

Jesus ist verschwunden

Josef arbeitete als Zimmermann, Maria versorgte den Haushalt und kümmerte sich liebevoll um Jesus, der zu einem kräftigen Jungen heranwuchs. Wie alle Kinder hätte er am liebsten den ganzen Tag gespielt, aber manchmal musste er zu Hause mithelfen. Seine Eltern schickten ihn auch in die Schule, wo er vor allem die Gesetze Gottes lernen sollte. Den Lehrern fiel auf, dass Jesus sehr neugierig war und mehr über Gott wissen wollte als die anderen Kinder.
Im Alter von zwölf Jahren durfte er zum ersten Mal mit nach Jerusalem zum Passahfest. Zu diesem großen Fest kamen viele, viele Menschen aus dem ganzen Land, um Gott zu danken, dass er das jüdische Volk einst aus der ägyptischen Gefangenschaft befreit hatte.
Als die Feiertage vorüber waren, machten sich die Menschen wieder auf den Heimweg. So auch Josef und Maria. Nur Jesus blieb in Jerusalem zurück, ohne dass sie es wussten, denn sie dachten, er sei mit Freunden schon vorausgelaufen. Erst am Abend bemerkten sie, dass Jesus fehlte, und fragten jeden nach ihm. Doch niemand wusste, wo er war. Maria und Josef gingen gleich nach Jerusalem zurück. Verzweifelt liefen sie durch die Straßen und riefen nach Jesus. Am dritten Tag fanden sie ihn endlich. Er saß im Tempel bei den Priestern und Schriftgelehrten und redete mit ihnen. Die staunten über den zwölfjährigen Jungen, der mehr wusste und verstand als viele Erwachsene.
Den Eltern war das in diesem Augenblick völlig egal. Sie waren erleichtert, dass sie Jesus gefunden hatten. Aber sie waren auch wütend auf ihn.

„Was hast du dir nur dabei gedacht?", schimpfte Maria. „Uns so in Angst und Sorgen zu stürzen!"
„Warum habt ihr euch Sorgen gemacht?" fragte Jesus. „Ihr hättet euch doch denken können, dass ich im Hause meines Vaters bin."
Maria und Josef verstanden nicht, was Jesus damit meinte.
Auch die Priester und Schriftgelehrten wunderten sich über seine Antwort.
Maria und Josef nahmen Jesus an der Hand. Ohne Widerrede ging er mit ihnen zurück nach Nazaret. Dort lebten sie weiter als ganz normale Familie. Jesus war ein guter Junge und machte seinen Eltern viel Freude. Doch Maria musste oft an seine Worte im Tempel denken.

Johannes der Täufer

Das jüdische Volk fand es schlimm, dass römische Soldaten ihr Land erobert hatten und darüber herrschten. Viele klagten über die Steuern und Abgaben, die im Namen des römischen Kaisers von ihnen verlangt wurden. Sie mochten die Römer nicht, aber sie waren zu schwach, um sich gegen die fremden Herren zu wehren. Deswegen warteten sie sehnsüchtig auf den Retter, dessen Erscheinen die Propheten angekündigt hatten. Er würde sie nicht nur von den Römern befreien, er würde sie auch von ihren Sorgen und Nöten erlösen und eine bessere, friedliche Welt schaffen.

Auch Johannes wartete auf den Retter. Er war der Sohn eines Priesters und kannte die Heiligen Schriften. Als junger Mann verließ er seine Heimat und zog sich in die Einsamkeit der Wüste zurück. Dort gab es kaum etwas zu essen. Johannes ernährte sich hauptsächlich vom Honig wilder Bienen und von Heuschrecken. Wenn er Durst hatte, ging er zu einem Brunnen, den Hirten in der Nähe gegraben hatten. Durch dieses Leben fern von den Menschen und ohne jeden Besitz wollte er Gott näher kommen. Und eines Tages hörte Johannes seine Stimme. Gott gab ihm den Auftrag, die Herzen der Menschen zu öffnen und sie auf die Ankunft des Erlösers vorzubereiten. Er sollte ihnen den richtigen Weg weisen und sie mit dem Wasser des Jordan taufen, um sie so von ihren Sünden zu reinigen.

Johannes machte sich auf den Weg zum Jordan und predigte den Menschen: „Das Leben hier auf Erden ist nur kurz. Doch wer nach Gottes Geboten lebt, wird das ewige Leben im Himmel gewinnen.

Wer das nicht tut, den wird Gottes Zorn treffen! Ihr müsst euer Leben ändern! Aber schöne Worte genügen nicht, ihr müsst durch eure Taten beweisen, dass ihr es ernst meint."

„Was sollen wir tun?", fragten die Menschen.

„Keiner soll einem anderen etwas wegnehmen, im Gegenteil: Wer zwei Hemden hat, soll dem eins geben, der keines hat.

Und wer etwas zu essen hat, soll mit dem teilen, der hungert", antwortete Johannes. „Lasst euch taufen zum Zeichen, dass ihr anders leben wollt!"

Die Menschen kamen in Scharen zu Johannes und ließen sich im Jordan taufen. Und viele glaubten, er selbst sei der versprochene Erlöser.

„Nein, nein!", rief er. „Der bin ich nicht. Ich taufe euch zwar mit Wasser als Zeichen dafür, dass ihr ein neues Leben beginnen wollt. Aber bald wird einer kommen, der viel größer ist als ich. Aus ihm spricht Gott. Er wird euch nicht mit Wasser, sondern mit Gottes Heiligem Geist taufen. Ich bin nicht einmal gut genug, ihm die Schuhe zu binden."

Jesus lässt sich taufen

Jesus wuchs mit etlichen Geschwistern auf. Als ältester Sohn erlernte er den Beruf seines Vaters und arbeitete in Nazaret als Zimmermann. Er machte die Arbeit gern, las aber nebenher viel in den Heiligen Schriften. Als er etwa dreißig Jahre alt war, wurde er immer unruhiger und eine innere Stimme sagte ihm, er sei nicht dazu geschaffen, für immer Zimmermann zu sein, er müsse sein Leben ändern und etwas anderes tun.
Da gab Jesus seinen Beruf auf, verließ seine Heimatstadt und wanderte durchs Land.
Eines Tages kam er an den Jordan, wo Johannes der Täufer predigte und taufte. Jesus hörte ihm lange zu, dann ging er zu ihm.
„Taufe mich", sagte er.
Johannes wusste sofort, wer er war, und erwiderte: „Ich soll dich taufen? Taufe du lieber mich, denn du bist viel größer als ich."
Jesus schüttelte den Kopf. „Tu es einfach, Gott will es so."
Johannes hörte auf Jesus und taufte ihn. Da öffnete sich der Himmel und der Geist Gottes schwebte wie ein weiße Taube herab. Gleichzeitig war von oben eine Stimme zu hören: „Du bist mein lieber Sohn, an dir habe ich meine Freude."
Die Menschen starrten fassungslos zum Himmel hinauf. Manche meinten, sie hätten sich verhört, andere glaubten an einen Trick, wieder andere fielen auf die Knie und beteten.

Jesus wird auf die Probe gestellt

Jesus brauchte die Nähe zu seinem himmlischen Vater. Er wollte allein sein und mit ihm reden. Deshalb zog er sich in die Wüste zurück, wo es nur Sand und Steine gab.
Nach vierzig Tagen und Nächten, in denen er nichts gegessen hatte, plagte ihn der Hunger. Da hörte er plötzlich eine Stimme: „Warum quälst du dich so? Wenn du Gottes Sohn bist, kannst du diese Steine doch in Brot verwandeln."

Jesus schaute auf und sah den Teufel neben sich stehen. „Es ist nicht die Frage, was ich kann und will", antwortete er. „Ich habe eine Aufgabe zu erfüllen und mich darauf vorzubereiten. Und du wirst mich nicht von meinem Weg abbringen."

„Das will ich doch gar nicht", log der Teufel. „Aber du kannst deinen Weg bestimmt besser gehen, wenn du satt bist."

Jesus schüttelte den Kopf und sagte: „In den Heiligen Schriften steht geschrieben: Der Mensch lebt nicht vom Brot allein. Gottes Wort ist für ihn genauso wichtig, weil es ihn stärkt und davor bewahrt, schwach zu werden."

Der Teufel ärgerte sich über diese Antwort, gab aber noch nicht auf. Er führte Jesus nach Jerusalem auf das Dach des Tempels.

„Spring hinunter", sagte der Teufel. „Wenn du Gottes Sohn bist, wird dir nichts passieren, denn Gottes Engel werden dich auffangen."

„Das würden sie", sagte Jesus. „Aber warum soll ich ohne Grund vom Dach springen? In den Heiligen Schriften steht: Niemand soll Gott leichtfertig herausfordern."

„Du mit deinen Heiligen Schriften", zischte der Teufel. „Da steht viel drin, doch das sind nur Worte. Ich aber mache dich zum Herrn der Welt, zum König aller Könige. Dafür musst du gar nicht viel tun, du musst nur vor mir niederknien und mich anbeten."

„Dich anbeten? Niemals, was immer du mir auch versprichst!", rief Jesus. „Es steht geschrieben: Du sollst nur Gott anbeten und nur ihm dienen, niemandem sonst. Lass mich endlich in Ruhe!"

Da gab der Teufel auf und verschwand. Dann kamen Engel und brachten Jesus zu essen und zu trinken.

Der Menschenfischer

Jesus begegnete überall freundlichen und hilfsbereiten Menschen. Dennoch fühlte er sich manchmal allein.
Eines Tages kam er an den See Genezareth. Dort traf er ein paar Fischer, die müde und mürrisch waren, weil sie kaum etwas gefangen hatten.
Jesus sprach mit ihnen über Gott und sagte zum Schluss: „Habt Vertrauen zu ihm, fahrt noch einmal hinaus auf den See und werft eure Netze aus."
Die meisten waren der Meinung, das habe keinen Sinn.
„Du kannst zwar schöne Geschichten erzählen, aber vom Fischfang hast du keine Ahnung", sagte einer. „Gestern war es stürmisch und die Fische haben sich in die Tiefe zurückgezogen. Deswegen waren die Netze heute fast leer, und wenn wir noch einmal hinausfahren, wird es nicht viel anders sein."

„Ich sage euch, ihr werdet mehr Fische fangen, als ihr je an einem Tag gefangen habt."

„Das ist doch lächerlich!", riefen einige und machten sich über Jesus lustig.

Die Brüder Simon Petrus und Andreas schwankten. Einerseits konnten sie sich nicht vorstellen, dass man heute noch etwas fangen würde. Andererseits erstaunte sie die Sicherheit, mit der Jesus genau das versprach.

„Wir versuchen es", sagten sie, stiegen in ihr Boot und fuhren hinaus. Nicht weit vom Ufer warfen sie ihre Netze aus. Die waren bald so voll, dass Simon Petrus und Andreas den Fang nicht alleine ins Boot ziehen konnten.

„Helft uns!", riefen sie ihren Freunde Jakobus und Johannes zu. Gemeinsam füllten sie beide Boote bis zum Rand. Die Männer konnten es nicht fassen, obwohl sie die vielen Fische mit eigenen Augen sahen. Für sie war es ein Wunder und der Beweis, dass Jesus kein gewöhnlicher Mensch sein konnte.

„Bisher habt ihr Fische gefangen", sagte Jesus, als sie wieder ans Ufer kamen. „Wenn ihr mit mir geht, werdet ihr von jetzt an Menschen fischen. Wir werden Gottes Wort verkünden, damit immer mehr Menschen auf den richtigen Weg finden. Wollt ihr mir dabei helfen?"

Simon Petrus, Andreas, Jakobus und Johannes waren so beeindruckt von Jesus, dass sie alles zurückließen und ihm folgten. Sie wurden seine ersten Jünger.

In den nächsten Wochen scharte Jesus noch acht weitere Männer um sich, die bei ihm blieben. Jesus war ihr Lehrer, sie waren seine Schüler und sie liebten ihn von ganzem Herzen. Nun hatte er endlich Freunde, die mit ihm durchs Land wanderten.

Viele Menschen sahen in Jesus den lang erwarteten Retter, der ihnen aus Armut und Not helfen würde. Andere hielten ihn für einen Betrüger und die Sache mit den Fischen für einen Zufall.

Die Hochzeit in Kana

Im kleinen Dorf Kana lebte ein junges Paar, das mit seinen Verwandten und Freunden Hochzeit feierte. Auch Maria, Jesus und seine Jünger waren eingeladen.
Mitten im schönsten Fest hörte Maria einen Diener zum Bräutigam sagen, dass fast kein Wein mehr da sei. Da flüsterte sie Jesus zu: „Sie haben keinen Wein mehr. Hilf ihnen doch."
Jesus fuhr sie ungewöhnlich schroff an: „Ich weiß selbst, was ich zu tun habe, das brauchst du mir nicht zu sagen."
Und Maria schwieg.

Nach einer Weile ging Jesus zu den Dienern, zeigte auf sechs große Krüge und sagte: „Füllt die Krüge mit Wasser!"

Die Diener fragten sich, wozu Jesus so viel Wasser brauchte. Als die Krüge voll waren, sagte er: „Nun bringt dem Küchenmeister einen Becher davon."

Der Küchenmeister nahm den Becher und trank einen Schluck. „Hm", machte er, „das ist ja ein köstlicher Wein. Wo habt ihr den denn her?"

„Wir … wir … haben doch nur Wasser … nur Wasser in die Krüge getan", stotterten sie.

Der Küchenmeister glaubte, sie wollten einen Scherz machen und rief den Bräutigam zu sich. „Warum hast du den besten Wein bis zum Schluss aufgehoben?"

Doch der Bräutigam hatte keine Ahnung, woher der gute Wein plötzlich kam. Nur die Diener wussten es.

Jesus hatte das Wasser zu Wein gemacht und damit sein erstes Wunder vollbracht. Nun zweifelten seine Jünger nicht mehr, dass er Gottes Sohn war.

Zweifler in Nazaret

Weil Jesus nun in der Nähe von Nazaret war, wollte er seine Heimatstadt besuchen. Er freute sich darauf, seine Familie und alte Freunde wieder zu sehen. Am Sabbat ging er wie immer zum Gottesdienst in die Synagoge. Er bat den Priester, aus den Heiligen Schriften vorlesen zu dürfen. Ein Mann fragte: „Du bist doch Jesus, der Sohn von Josef und Maria. Wie kommst du dazu, hier predigen zu wollen?"

„Hör mir bitte erst einmal zu, dann wirst du das nicht mehr fragen", antwortete Jesus. Dann rollte er die Heilige Schrift auf und las folgende Worte des Propheten Jesaja vor:

„Der Herr hat mich mit seinem Geist erfüllt.

Er hat mich erwählt

und mir den Auftrag gegeben,

die Armen zu trösten,

die Gefangenen zu befreien,

die Blinden sehend zu machen

und die Kranken zu heilen."

Kein Laut war zu hören – alle schwiegen erwartungsvoll. Was würde Jesus zu den Worten des Propheten sagen?

Er schaute die Menschen an und sprach: „Diese Worte sind heute für euch in Erfüllung gegangen ..."

„Du willst der lang erwartete Retter des jüdischen Volkes sein?", rief einer. „Dass ich nicht lache! Dich kannte ich schon, da hast du noch in die Hose gemacht und deine Mutter musste dir den Hintern abwischen."

Die Leute lachten.
„Ich habe gehört, du hättest Wunderkräfte", stichelte ein anderer Mann. „Zeig sie uns doch!"
„Ja, warum tust du hier in deiner Heimatstadt kein Wunder?", riefen einige. „Sind wir vielleicht weniger wert als die Leute anderswo?"
Jesus merkte, dass sie ihm nicht zuhören wollten und ihm nicht vertrauten. Er war sehr enttäuscht und sagte: „Die Worte eines Propheten werden überall gehört, nur in seiner Heimatstadt nicht."
„Das müssen wir uns nicht länger anhören!", schrie einer. „Hinaus mit ihm!"
Sofort umringten mehrere Männer Jesus. Sie trieben ihn zur Stadt hinaus. Sie waren so wütend, dass sie ihn von einem Felsen stürzen wollten. Doch plötzlich drehte Jesus sich um und ging einfach zwischen den Männern hindurch. Sie wollten ihn festhalten, aber sie konnten ihn nicht greifen. Verwundert schauten sie einander an, denn so etwas hatten sie noch nicht erlebt.
Jesus aber verließ mit seinen Jüngern die Stadt.

Jesus heilt einen Aussätzigen

Bald wurde in ganz Galiläa von Jesus geredet. Überall wo er hinkam, liefen die Menschen zusammen, um den Mann zu sehen, der Wasser in Wein verwandelt hatte. Und sie erzählten ihm von ihren Krankheiten und Nöten.

Einmal hörte Jesus von einen Mann, der in einer einsamen Hütte vor der Stadt hauste. Der Mann hatte Lepra. Sein ganzer Körper war voller eitriger Geschwüre. Die Leute machten einen weiten Bogen um ihn und warnten auch Jesus: „Halte dich von dem Aussätzigen fern, denn die Krankheit ist unheilbar und ansteckend."

Auf seinem Weg kam Jesus an der Hütte vorbei. Der aussätzige Mann lief zu ihm und fiel vor ihm nieder. „Herr, hilf mir! Du kannst mich gesund machen, wenn du es willst! Ich weiß, dass du es kannst!"

Jesus hatte Mitleid mit dem Mann. Er legte ihm die Hand auf den Kopf und sagte: „Ich will, dass du wieder gesund bist."

Da schaute der Mann seine Hände an – die Geschwüre waren weg! Er strich mit den Fingern über sein Gesicht – die Haut war glatt und rein wie früher!
„Ich bin gesund, ich bin gesund!", rief er überglücklich. „Jetzt kann ich wieder zu meiner Familie gehen und muss nicht mehr allein leben!" Er dankte Jesus von ganzem Herzen. Der sagte zu ihm: „Danke Gott für deine Heilung. Und jetzt geh nach Hause, aber erzähle keinem Menschen, wer dich geheilt hat. Das soll unser Geheimnis bleiben."
Doch der Mann war so froh und glücklich, dass er seiner Familie und seinen Freunden von der wundersamen Heilung erzählte.

Der Gelähmte kann gehen

Manchmal predigte Jesus auf Plätzen im Freien, manchmal in Häusern. Einmal war ein Haus so voll, dass sich die Menschen kaum noch rühren konnten. Unter den vielen Zuhörern waren auch etliche Schriftgelehrte.
Vier Männer wollten einen Gelähmten auf einer Tragbahre zu Jesus bringen, aber niemand machte Platz. Es gab einfach kein Durchkommen. Doch die Männer gaben nicht auf. Sie stiegen aufs Dach und nahmen Ziegel weg, bis das Loch so groß war, dass die Tragbahre hindurchpasste. Dann ließen sie den Gelähmten langsam an Stricken zu Jesus hinunter. Der war beeindruckt von dem starken Willen der Männer und dem großen Vertrauen, das sie zu ihm hatten. Er sagte zu dem Gelähmten: „Deine Sünden sind dir vergeben."
Die Schriftgelehrten glaubten sich verhört zu haben. Wie konnte der behaupten, dem Gelähmten seien seine Sünden vergeben? Kein Mensch konnte Sünden vergeben, das konnte nur Gott.
Jesus ahnte, was sie dachten, und fragte sie: „Was ist wohl leichter: Diesem Mann die Sünden zu vergeben oder seine Krankheit zu heilen?" Die Schriftgelehrten antworteten nicht.
„Ich will euch zeigen, dass Gott mir die Macht gegeben hat, beides zu tun." Er wandte sich an den Gelähmten: „Steh auf, nimm deine Tragbahre und geh nach Hause!"
Der Mann bewegte seine Beine, stand vorsichtig auf, nahm die Bahre unter den Arm, dankte Jesus und ging glücklich nach Hause. Die Leute schauten ihm fassungslos hinterher. Sie trauten sich nicht zu reden und

fürchteten sich sogar ein wenig, denn so etwas Unglaubliches hatten sie noch nie erlebt. Dieser Jesus besaß Fähigkeiten, die noch kein Mensch besessen hatte. Die Schriftgelehrten aber wussten nicht, was sie von all dem halten sollten.

Wer darf sich freuen?

Die Menschen waren besonders von den Wundern beeindruckt, die Jesus vollbrachte. Für viele waren sie der sichtbare Beweis, dass Jesus Gottes Sohn war. Deshalb folgten ihm immer mehr Menschen und lauschten seinen Worten.
Einmal waren es so viele, dass Jesus auf einen Berg stieg, damit ihn alle sehen und hören konnten. Dann hielt er eine wichtige Predigt, die mit folgenden Worten begann:
„Freuen dürfen sich alle, die arm und schwach sind. Sie werden mit Gott im Himmelreich leben.
Freuen dürfen sich alle, die traurig sind. Gott wird sie trösten.
Freuen dürfen sich alle, die freundlich und rücksichtsvoll sind. Sie werden die Erde regieren.
Freuen dürfen sich alle, die sich Gerechtigkeit wünschen. Ihre Sehnsucht wird erfüllt.
Freuen dürfen sich alle, die ihr Herz für ihre Mitmenschen öffnen. Sie werden Gottes große Liebe spüren.
Freuen dürfen sich alle, die ehrlich sind und ein reines Herz haben. Gott ist bei ihnen und wird sie stärken.
Freuen dürfen sich alle, die auf Gewalt verzichten und Frieden schaffen. Sie sind Gottes Kinder, weil er Frieden will.
Freuen dürfen sich alle, die verfolgt werden, weil sie die Gebote Gottes achten. Ihnen schenkt Gott ein neues Leben in seinem Reich.
Manche werden euch auslachen, beschimpfen und verfolgen, weil ihr euch zu Gott bekennt und mir nachfolgt. Das darf euch nicht

entmutigen. Freut euch und seid fröhlich, denn Gottes Reich wird unbeschreiblich schön sein."
Solche Worte hatten die Menschen noch nie gehört. Sie lauschten gebannt, was Jesus ihnen noch zu sagen hatte.

Wie soll man leben?

Jesus wollte, dass die Menschen einander achten und liebevoll miteinander umgehen. Deswegen lehrte er sie Folgendes:
„Früher hieß es: Ihr sollt andere so behandeln wie sie euch behandeln, also Auge um Auge, Zahn um Zahn. Und so denken auch heute noch viele Menschen. Sie sagen, wer mir etwas wegnimmt, dem nehme ich auch etwas weg; wer mich schlägt, den schlage ich auch.
Ich aber sage euch: Vergeltet nicht Böses mit Bösem, sonst nimmt das Böse kein Ende. Wenn euch einer auf die linke Backe schlägt, so haltet ihm auch die rechte hin. Wenn euch einer etwas Böses tut, tut ihr ihm etwas Gutes. Dann wird das Böse aus der Welt verschwinden.
Früher hieß es: Liebe deine Freunde und hasse deine Feinde. Ich aber sage euch: Ihr sollt niemand hassen, denn wer hasst, kann nicht lieben. Versucht auch eure Feinde zu lieben und betet für sie. Wenn ihr daran denkt, dass wir alle Gottes Kinder sind, fällt euch das bestimmt nicht mehr so schwer. Denn so wie Gott euch mit allen euren Stärken und Schwächen liebt, so liebt er auch die anderen. Deswegen sollt auch ihr nicht nur zu euren Freunden nett sein, sondern zu allen Menschen. Behandelt sie so, wie ihr selbst von ihnen behandelt werden möchtet, dann seid ihr auf dem richtigen Weg."

Vom richtigen Beten

Die Menschen wollten immer wieder von Jesus wissen, wie sie denn mit ihrem himmlischen Vater reden sollten. Sollten sie ihm all ihre Wünsche und Sorgen erzählen? Sollten sie in den heiligen Tempel gehen?

Jesus antwortete ihnen: „Manche Menschen beten in den Gottesdiensten so laut, dass sie von anderen gesehen und gehört werden. Sie wollen allen zeigen, wie gottesfürchtig sie sind – aber das ist nichts wert. Solche Gebete will Gott nicht hören.
Wer richtig beten will, geht am besten in sein Zimmer, um mit Gott allein zu sein. Aber plappert nicht endlos herum und bedrängt ihn nicht mit euren Bitten. Damit erreicht ihr auch nicht mehr beim himmlischen Vater. Er weiß nämlich schon, was ihr braucht, bevor ihr ihn darum bittet. Betet ganz einfach so:

> *Vater unser im Himmel,*
> *Geheiligt werde dein Name!*
> *Dein Reich komme,*
> *dein Wille geschehe,*
> *wie im Himmel, so auf Erden.*
> *Unser tägliches Brot gib uns heute,*
> *und vergib uns unsere Schuld,*
> *wie auch wir vergeben unseren Schuldigern.*
> *Und führe uns nicht in Versuchung,*
> *sondern erlöse uns von dem Bösen.*
> *Denn dein ist das Reich*
> *und die Kraft*
> *und die Herrlichkeit*
> *in Ewigkeit.*
> *Amen*

Das Haus auf dem Felsen

Jesus sagte den Menschen in seiner großen Predigt auf dem Berg, dass sie sich entscheiden müssten, ob sie weiter nach den Geboten der Menschen oder nach Gottes Geboten leben wollten. Doch er wusste, dass es vielen schwer fiel, ihr Leben zu ändern. Er versuchte ihnen Mut zu machen und erzählte ihnen daher am Schluss noch folgende Geschichte:
„Wer meine Worte hört und danach handelt, der ist wie ein kluger Mann, der sein Haus auf einen Felsen baut. Wenn es dann stürmt und regnet und die Flüsse über die Ufer treten, stürzt das Haus trotzdem nicht ein, weil es auf festem, sicherem Grund steht.
Wer aber meine Worte hört und nicht nach ihnen lebt, ist wie ein Dummkopf, der sein Haus auf sandigen Boden baut. Denn bei Sturm und Überschwemmung wird das Haus einstürzen, der Mann wird vor den Trümmern stehen und nicht wissen, wie sein Leben weitergehen soll. Darum seid klug und lebt nach meinen Worten!"
Die Menschen waren tief beeindruckt. So hatte noch nie jemand zu ihnen gesprochen. Viele nahmen sich vor, ihr Leben zu ändern und Jesus nachzufolgen.

Ein gläubiger Römer

In allen Städten Israels gab es römische Soldaten, die dafür sorgten, dass die Befehle des Kaisers befolgt wurden.
In der Stadt Kafernaum war ein Hauptmann der oberste Römer. Seine Soldaten und die Juden schätzten ihn, weil er ein gerechter Mann war. Er hatte den Juden sogar beim Bau der Synagoge geholfen.
Eines Tages wurde sein Diener krank. Der Hauptmann hatte ihn gern und ließ einen Arzt holen. Doch der konnte dem Diener nicht helfen und die Krankheit verschlimmerte sich von Tag zu Tag.

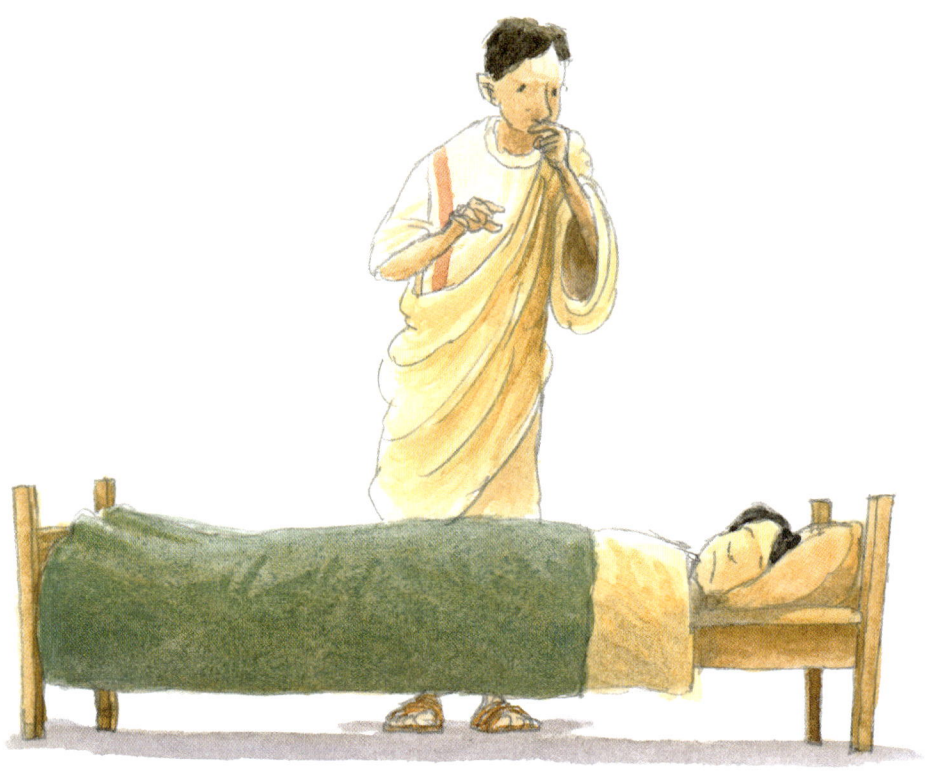

Da erzählte jemand, dass Jesus in der Nähe sei. Der Hauptmann hatte schon so viel von seinen Heilungen gehört, dass er dachte: „Gott im Himmel hat Jesus die Kraft gegeben, kranke Menschen zu heilen; er kann bestimmt auch meinem Diener noch helfen."
Also ging er zu ihm und erzählte ihm alles.
Jesus wunderte sich, denn die Römer glaubten nicht an Gott. Aber bei diesem Hauptmann war das anders, das merkte Jesus schnell.
Deswegen sagte er: „Gut, ich will deinen Diener gesund machen. Führe mich zu deinem Haus!"
Der Hauptmann erwiderte: „Herr, ich bin nicht wert, dass du in mein Haus kommst. Aber du brauchst nur ein Wort zu sagen, dann wird mein Diener wieder gesund. Ich weiß, wie es ist, wenn man befehlen kann. Ich habe die Macht, meinen Soldaten Befehle zu erteilen und sie müssen mir gehorchen. Du hast Macht über Krankheiten. Wenn du es sagst, wird mein Diener gesund. Das weiß ich!"
Jesus war erstaunt über die Worte des Hauptmanns und sagte zu den Männern, die ihn begleiteten: „So einen Glauben habe ich in ganz Israel noch bei keinem Menschen gefunden."
Dann wandte er sich wieder an den Hauptmann: „Geh zurück in dein Haus. Dein Vertrauen zu mir und dein starker Glaube haben deinem Diener geholfen."
Als der Hauptmann sein Haus betrat, fand er seinen Diener gesund und freute sich mit ihm.

Falsche Gesetze

Jesus war mit seinen Jüngern jeden Tag unterwegs, um möglichst vielen Menschen Gottes Wort zu verkünden. Anfangs interessierte das die Priester und Schriftgelehrten nicht. Sie glaubten die Geschichten nicht, die sie über ihn hörten. Erst als sich immer mehr Menschen um ihn scharten, wenn er irgendwo predigte, machten sie sich Gedanken über ihn. Bald ließen sie Jesus beobachten, um zu erfahren, was er den Menschen von Gott erzählte und wie er lebte.

An einem Sabbat, dem jüdischen Ruhe- und Feiertag, ging Jesus mit seinen Freunden durch die Felder. Sie waren hungrig – und das Getreide war reif. Da rissen die Jünger ein paar Ähren ab und aßen sie.

„Am Sabbat darf man kein Getreide ernten", sagten die Schriftgelehrten, die gerade vorbeikamen. „Das ist Arbeit, und Arbeiten ist am Sabbat verboten! Ihr habt gegen das Gesetz verstoßen!"

„Aber meine Freunde haben Hunger, auch am Sabbat", antwortete Jesus. „Und das Getreide ist reif – was ist daran falsch, davon zu essen? Gesetze sind dazu da, den Menschen zu dienen und nicht umgekehrt!"

Die Schriftgelehrten ärgerten sich und ließen Jesus stehen. Der ging mit seinen Freunden weiter in die nächste Synagoge, um dort den Gottesdienst zu feiern.

In der Synagoge war unter den anwesenden Männern und Frauen auch ein Mann mit einer gelähmten Hand. Jesus wusste, dass die Priester und Schriftgelehrten nur darauf warteten, dass er wieder etwas tat, was nach dem jüdischen Gesetz verboten war.

Deswegen fragte er sie: „Darf man am Sabbat Gutes tun oder nicht? Darf man einem Menschen helfen, der krank oder in Not ist?"

Niemand antwortete ihm.

Da wurde Jesus zornig. „Ihr stellt das Gesetz über den Menschen. Das ist hartherzig. Für mich kommt zuerst der Mensch, und deswegen helfe ich auch am Sabbat Menschen, die Hilfe brauchen." Er schaute den Mann mit der gelähmten Hand an und sprach: „Strecke deine Hand aus und bewege sie!"

„Aber ich … ich …"

„Bewege deine Hand!", wiederholte Jesus.

Der Mann schaute sich verstohlen um, hob langsam seine Hand und bewegte die Finger.

Die Leute rissen Mund und Augen auf, als sie das sahen. Die Priester und Schriftgelehrten aber verließen wütend den Tempel.

„So kann es nicht weitergehen", sagten sie. „Wir müssen etwas gegen diesen Kerl unternehmen!"

Vom Säen und Ernten

„Jesus, wir möchten gerne von dir das Wort Gottes hören", bat ein Bauer. „Wenn du erzählst, verstehen wir viel mehr als bei den Priestern. Die reden immer so kompliziert."
Da gab Jesus den Menschen, die auf dem Feld waren, ein Zeichen. Sie setzten sich hin und er erzählte ihnen eine Geschichte:
„Ein Bauer ging aufs Feld um zu säen.
Er streute die Körner aus, dabei fielen einige auf den Weg. Dort wurden sie zertreten oder von Vögeln aufgepickt.
Andere Körner fielen auf steinigen Boden. Sie keimten zwar, aber die kleinen Pflänzchen vertrockneten bald, weil der Boden nicht tief und feucht genug war.
Wieder andere Körner landeten im Dornengestrüpp. Zuerst wuchsen sie, wurden aber bald von den Dornen überwuchert und erdrückt.

Die meisten Körner fielen jedoch auf guten Boden. Dort keimten sie, wurden größer und größer und trugen Ähren mit vielen, vielen neuen Körnern."

Die Jünger fragten Jesus, warum er diese Geschichte erzählt habe. Jesus erklärte ihnen, dass viele Menschen seine Botschaft besser verstehen würden, wenn er sie in solche Gleichnisse kleidete. „Wer genau zuhört und gut mitdenkt, kann dadurch etwas über das Reich Gottes erfahren.

In dem Gleichnis stehen die Saatkörner für das Wort Gottes. Manche Menschen hören die Botschaft zwar, aber sie beachten sie nicht weiter und gehen einfach ihres Weges.

Bei anderen ist es wie mit dem Samen, der auf steinigen Boden fällt. Sie sind zwar am Anfang begeistert, aber ihr Glaube ist nur oberflächlich, er hat keine tiefen, starken Wurzeln. Deswegen verkümmert er bald.

Wieder andere hören Gottes Wort zwar gern und nehmen sich vor, danach zu leben. Aber in ihrem Alltag sind ihnen dann Reichtum, Ansehen, Macht und Vergnügen doch wichtiger. Davon werden alle guten Absichten überwuchert.

Es gibt aber auch viele Menschen, bei denen Gottes Wort auf fruchtbaren Boden fällt. Sie lassen sich dadurch verändern. Und so wie der Acker trotz der verlorenen Samenkörner und trotz des Unkrauts am Ende tausende neuer Ähren trägt, so trägt auch Gottes Wort reiche Früchte. Deswegen können wir uns wie der Bauer mit Gottvertrauen an unsere Aufgabe machen. Das soll das Gleichnis vom Sämann sagen."

Jesus stillt den Sturm

Jesus war mit seinen Jüngern den ganzen Tag am See Genezareth unterwegs gewesen, hatte gepredigt, zugehört und geholfen. Am Abend war er müde und sagte: „Lasst uns ans andere Ufer fahren, damit wir ein wenig Ruhe haben."
Sie stiegen in ein Fischerboot, die Jünger setzten das Segel und ein leichter Wind trieb das Boot auf den See hinaus. Weil Jesus müde war, legte er sich hinten ins Boot und schlief bald ein.
Mitten auf dem See blies der Wind plötzlich stärker. Ein Sturm kam auf. Die Wellen schlugen gegen das Boot und warfen es hin und her. Die Jünger bekamen Angst. Jesus aber merkte von all dem nichts, so tief und fest schlief er. Als die erste Welle ins Boot schwappte, rüttelten ihn die Jünger wach.
„Herr, hilf uns!", riefen sie. „Sonst gehen wir unter!"
Jesus öffnete die Augen und sah die Angst in ihren Gesichtern. Er stand auf, hob die Arme und befahl dem Wind und den Wellen nicht mehr zu toben. Sofort wurde es still.
Dann wandte sich Jesus seinen Jünger zu und fragte: „Warum seid ihr so ängstlich? Habt ihr wirklich gedacht, unser Vater im Himmel würde uns einfach ertrinken lassen? Warum vertraut ihr ihm nicht?"
Die Jünger senkten ihre Köpfe. Und heimlich flüsterten sie: „Was ist das für ein Mensch? Sogar der Wind und die Wellen gehorchen ihm!"

Die Berührung

Jesus wurde wieder einmal von vielen Menschen umringt. Unter ihnen war eine Frau, die seit zwölf Jahren an einer ungewöhnlichen Krankheit litt: Sie blutete immer wieder. Und kein Arzt hatte ihr bisher helfen können. Sie war verzweifelt, denn ihre Krankheit hatte dazu geführt, dass niemand mehr etwas mit ihr zu tun haben wollte. Sie durfte nicht einmal mehr den Gottesdienst besuchen, weil die Leute sie für unrein hielten – fast so wie eine Aussätzige.

Diese Frau hatte von den Wundern gehört, die Jesus vollbrachte. Nun stand sie mit verhülltem Gesicht zwischen den Leuten und hielt nach ihm Ausschau. Als sie ihn erblickte, näherte sie sich ihm langsam von hinten. Sie traute sich nicht, ihn anzusprechen.

„Es reicht, wenn ich seine Kleider anfasse", sagte sie sich. „Alle erzählen, dass er besondere Kräfte hat!"

Je näher sie Jesus kam, desto stärker klopfte ihr Herz.

„Jetzt werde ich endlich gesund, nach so vielen Jahren", dachte sie und streckte die Hand aus. Vorsichtig berührte sie seine Kutte – und im gleichen Augenblick war sie gesund.

Jesus spürte, dass heilende Kraft von ihm ausgegangen war, drehte sich um und fragte: „Wer hat mich angefasst?"

„Wie sollen wir das wissen?", fragte Simon Petrus. „In so einer Menge berühren dich viele."

„Das war keine zufällige Berührung", sagte Jesus und schaute sich um. Die Frau wollte sich nicht zeigen, weil sie Angst vor den Leuten hatte. Aber Jesus bemerkte trotz des verhüllten Gesichts ihren ängstlichen Blick und schaute sie lange an. Da konnte sie einfach nicht mehr schweigen. Sie warf sich vor ihm nieder und erzählte ihm, warum sie ihn angefasst hatte.

„Ich wusste, dass eine Berührung mich heilen würde, und jetzt bin ich wirklich gesund. Danke!"

„Dein Glaube hat dich geheilt", sagte Jesus. „Steh auf und geh in Frieden nach Hause."

Ein todkrankes Mädchen

Jairus war Vorsteher der Synagoge und ein angesehener Mann in Kafernaum. Seine zwölfjährige Tochter war schwer krank. Von Tag zu Tag wurde sie schwächer und niemand konnte ihr helfen.
Da lief Jairus zu Jesus, fiel vor ihm auf die Knie und bat: „Komm bitte schnell zu mir nach Hause! Meine Tochter muss sterben, wenn du ihr nicht hilfst."
Jesus ging mit ihm, aber unterwegs kam ihnen schon ein Freund von Jairus mit Tränen in den Augen entgegen.

„Jairus, deine Tochter ist gestorben. Jesus kann ihr auch nicht mehr helfen."
Da fing der Vater an bitterlich zu weinen.
„Hab keine Angst", sagte Jesus zu ihm, „deine Tochter ist nicht tot, sie schläft nur."
Jairus schaute ihn unsicher an.
„Vertrau mir und führe mich zu ihr", sagte Jesus.
Als sie das Haus betraten, hörten sie schon das Klagen der Trauernden.
„Warum weint ihr?", fragte Jesus. „Das Mädchen ist nicht tot, es schläft nur."
„Rede doch nicht solchen Unsinn und mach den Eltern keine falsche Hoffnung", sagten die Freunde von Jairus ärgerlich. „Das Mädchen ist tot!"
Jesus wollte jetzt nicht mit ihnen streiten und schickte alle hinaus. Nur die Eltern des Mädchens und drei Jünger durften bleiben. Sie gingen in das Zimmer, in dem das Mädchen still und blass auf einem Bett lag. Jesus trat neben das Bett, nahm die Hand des Mädchens, beugte sich hinunter und sprach: „Steh auf! Hast du gehört? Steh auf!"
Das Mädchen schlug die Augen auf und schaute sich um. Die Eltern waren sprachlos vor Glück.
„Ich freue mich mit euch", sagte Jesus. „Jetzt gebt eurer Tochter etwas zu essen, damit sie wieder zu Kräften kommt."

Jesus macht alle satt

Eines Tages hörte Jesus vom Tod Johannes des Täufers. Der junge Herodes, der inzwischen in Galiläa herrschte, hatte ihn töten lassen. Jesus war entsetzt und sehr traurig. Er wollte mit einem Boot zu einer einsamen Stelle fahren, um mit seinen Jüngern etwas zur Ruhe zu kommen. Aber viele Leute hatten sie beobachtet und folgten ihnen auf dem Landweg. Als Jesus aus dem Boot stieg, war schon eine große Menschenmenge versammelt. Die Jünger wollten die Leute wegschicken, doch Jesus sah ihre sehnsüchtigen Gesichter. Sie taten ihm Leid. Und so redete er lange mit ihnen über Gott und heilte die Kranken.
Gegen Abend sagten die Jünger: „Wir sind hier in einer einsamen Gegend und es ist schon spät. Schick die Leute in die Dörfer, damit sie noch etwas zu essen bekommen."
„Gebt ihr ihnen doch etwas zu essen", erwiderte Jesus.
„Wir?", fragten die Jünger erstaunt. „Das sind mindestens fünftausend Leute und wir haben nur fünf Brote und zwei Fische!"
„Bringt sie mir", sagte Jesus.
Er nahm das Brot und die Fische, sah zum Himmel, betete und dankte Gott für das Essen. Dann brach er die Brote in Stücke, ebenso die Fische und seine Jünger verteilten alles an die Leute. Alle fünftausend aßen und wurden satt. Es blieben sogar noch zwölf volle Körbe übrig.

Simon Petrus versinkt

Jesus wollte endlich mal wieder allein sein, um zu beten und in der Stille neue Kraft zu schöpfen. Er schickte seine Jünger mit dem Boot ans andere Ufer des Sees Genezareth und wollte am nächsten Morgen zu Fuß nachkommen.
Als die Jünger über den See segelten, kam plötzlich ein starker Wind auf. Die Wellen schlugen gegen das Boot und peitschten es hin und her.
„Wäre doch nur Jesus bei uns!", riefen sie voller Angst und kauerten sich im Boot zusammen.
Gegen Morgen ließ der Sturm nach. Erleichtert schauten die Jünger über den See. Da glaubten sie, eine weiße Gestalt käme auf sie zu. Aber das war unmöglich, wie sollte mitten auf dem See jemand gehen können? Sie mussten sich täuschen. Als die Gestalt langsam näher kam, dachten sie, es sei ein Gespenst und schrien vor Angst.
„Fürchtet euch nicht!", hörten sie jemanden rufen. „Ich bin's doch!"
War das nicht die Stimme von Jesus?
„Herr", rief Simon Petrus noch unsicher, „wenn du es wirklich bist, dann befiehl mir, auf dem Wasser zu dir zu laufen!"
„Komm nur!", sagte Jesus.
Simon Petrus setzte vorsichtig einen Fuß aufs Wasser. Es trug ihn! Er konnte es nicht fassen. Langsam ging er Jesus entgegen. Die anderen Jünger trauten ihren Augen kaum. Ihr Freund ging auf dem Wasser. Das war doch nicht möglich!
Plötzlich jedoch sah Simon Petrus eine Welle auf sich zurollen, bekam Angst und begann zu sinken.

„Hilf mir, Herr! Ich ertrinke!"
Jesus streckte die Hand aus, griff nach ihm und hielt ihn fest.
„Warum hast du so wenig Vertrauen zu mir? Dein Glaube muss noch viel stärker werden. Erst wenn du nicht mehr zweifelst, kannst du auf dem Wasser gehen wie ich."
Dann stiegen sie gemeinsam ins Boot und fuhren ans Ufer.

Der barmherzige Samariter

Einmal wollte ein Schriftgelehrter Jesus auf die Probe stellen und fragte ihn: „Was muss ich tun, damit Gott mir das ewige Leben schenkt?"
Jesus antwortete: „Du kennst doch die Gesetze der Heiligen Schriften. Was steht denn dort?"
Der Schriftgelehrte musste nicht lange überlegen: „Liebe Gott mit ganzem Herzen, mit ganzer Kraft und mit all deinen Gedanken. Und liebe deinen Nächsten wie dich selbst."
„Richtig", sagte Jesus. „Wenn du dich daran hältst, wird Gott Freude an dir haben und dir das ewige Leben schenken."
Der Schriftgelehrte war noch nicht zufrieden und wollte wissen, wer mit dem Nächsten gemeint sei.
Da erzählte ihm Jesus folgende Geschichte:
„Ein Mann ging von Jerusalem nach Jericho. In einer einsamen Gegend lauerten ihm Räuber auf und fielen über ihn her. Sie schlugen ihn zusammen, rissen ihm die Kleider vom Leib und raubten ihn aus. Dann ließen sie ihn schwer verletzt liegen.
Etwas später kam ein Priester des Wegs. Als er den Mann halb tot liegen sah, bekam er Angst und ging schnell weiter.
Auch ein Tempeldiener, der kurz danach den Weg entlangkam, machte einen Bogen um den Verletzten.
Schließlich kam ein Mann aus Samarien auf seinem Esel geritten. Samariter und Juden mochten sich nicht und hatten oft Streit miteinander. Doch als der Samariter den stöhnenden Juden sah, vergaß er allen Streit: Da war ein Mensch, der Hilfe brauchte. Nur das zählte!

Er kniete nieder und gab ihm zu trinken. Er säuberte seine Wunden und verband sie, so gut er konnte. Dann hob er ihn vorsichtig auf seinen Esel und brachte ihn ins nächste Gasthaus. Dort ließ er einen Arzt kommen.
Am nächsten Morgen musste der Samariter weiterreisen. Doch vorher gab er dem Wirt Geld und sagte: ‚Sorge bitte dafür, dass er gut gepflegt wird. Und wenn das Geld nicht reicht, zahle ich dir den Rest auf meiner Rückreise.'"
Der Schriftgelehrte hatte verstanden, was Jesus ihm mit der Geschichte sagen wollte: Dein Nächster ist immer der, der dich gerade braucht, egal woher er kommt und was er für einer ist.
Und wer an einem
Mitmenschen so handelt wie der barmherzige Samariter, der handelt im Sinne Gottes.

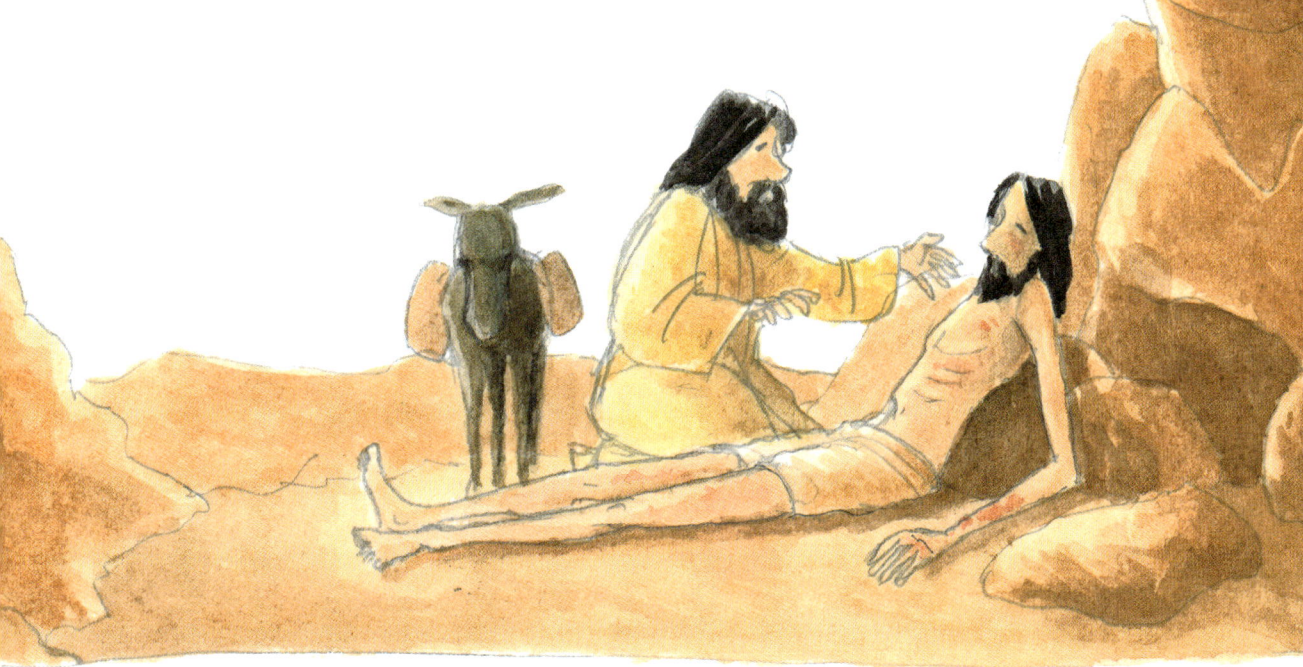

Zwei sehr verschiedene Schwestern

Auf dem Weg nach Jerusalem kam Jesus mit seinen Jüngern in das Dorf Betanien. Eine Frau namens Marta lud sie in ihr Haus ein. Die Männer waren müde und hungrig und nahmen die Einladung gerne an. Marta war stolz, dass sie Jesus und seine Freunde bewirten durfte. Sie wollte ein besonders gutes Essen zubereiten und hatte alle Hände

voll zu tun. Während sie arbeitete, saß ihre Schwester Maria bei Jesus und hörte ihm aufmerksam zu. Er schickte sie nicht weg, wie es die Priester und Schriftgelehrten taten, für die Frauen nicht zählten. Jesus dachte da anders. Für ihn waren Frauen genauso wichtig wie Männer. Deswegen freute er sich über Marias Interesse.

Marta aber freute sich überhaupt nicht. Sie ärgerte sich immer mehr über ihre Schwester, die faul dasaß, während sie die ganze Arbeit allein machen musste. Nicht einmal den Tisch deckte Maria. Sie hatte nur Augen und Ohren für Jesus.

Schließlich sagte Marta zu ihm: „Herr, du siehst doch, wie viel zu tun ist. Sag bitte meiner Schwester, dass sie mir helfen soll. Auf dich wird sie hören."

„Marta, Marta", entgegnete Jesus, „du machst dir unnötig viel Mühe. Meine Freunde und ich brauchen nicht viel, wir sind mit Wenigem zufrieden."

„Aber auch das Wenige muss getan werden", verteidigte sich Marta.

„Natürlich muss jeder seine Arbeit tun", gab Jesus zu. „Nur scheint mir, dass du dich um viele Dinge sorgst, die gar nicht *so* wichtig sind und dabei manchmal das wirklich Wichtige vergisst. Deine Schwester sitzt hier und hört die Botschaft von Gottes neuer Welt. Das ist für sie im Moment wichtiger als Essen und Trinken."

Mit dieser Antwort hatte Marta nicht gerechnet. Darüber musste sie erst mal nachdenken.

Jeder kann gerettet werden

In der Stadt Jericho lebte ein Mann, der Zachäus hieß. Er war ein hoher Zöllner und musste dafür sorgen, dass die Leute ihre Steuern bezahlten. Schon deswegen mochte ihn niemand. Außerdem hielten die Leute ihn für einen Betrüger, der einen Teil der Steuern für sich behielt. Woher sonst kam sein großer Reichtum?
Als Jesus nun durch die Stadt ging, liefen die Leute zusammen. Auch Zachäus wollte Jesus sehen, doch er war ziemlich klein und sah nichts vor lauter Menschen. Er drängelte nach vorn, aber weil er so unbeliebt war, ließ ihn niemand durch.
„Ich muss ihn aber sehen", dachte Zachäus. „Unbedingt! Alle erzählen so viele Geschichten von ihm!"
Er lief ein Stück voraus, bis zu einem Baum, der genau an dem Weg stand, wo Jesus vorbeikommen musste.
„Das ist meine Chance", dachte Zachäus und kletterte hinauf.
Es dauerte nicht lange, bis Jesus des Weges kam. Er schaute hinauf in den Baum und rief: „Zachäus, komm herunter! Ich möchte dich in deinem Haus besuchen."
„Mich?", fragte sich Zachäus überrascht. „Warum ausgerechnet mich?"
Ein wenig unsicher stieg er vom Baum und nahm Jesus mit nach Hause.
Die Leute waren empört. „Wie kann Jesus nur zu diesem Mann gehen? Jeder weiß doch, dass der uns betrügt und ein schlechter Mensch ist."
Zachäus hörte die Leute vor seinem Haus schimpfen. Er begriff noch immer nicht, warum Jesus gerade bei ihm einkehren wollte. Aber er

freute sich so sehr darüber, dass er sagte: „Herr, ich will dir etwas versprechen: Ich werde die Hälfte meines Besitzes den Armen schenken. Und allen, die ich betrogen habe, will ich das Vierfache zurückgeben."
Jesus schaute ihn an. „Das ist gut, Zachäus. Was immer du auch früher getan hast, jetzt bist du auf dem richtigen Weg."
Und zu den Leuten vor dem Haus sagte Jesus: „Gott gibt keinen Menschen verloren, jeder kann gerettet werden. Deshalb sollt ihr nicht ärgerlich sein, sondern euch mit uns freuen, dass Zachäus auf den rechten Weg zurückgefunden hat."

Das verlorene Schaf

Die Priester und Schriftgelehrten ärgerten sich, dass Jesus auch mit Leuten redete, mit denen sonst keiner zu tun haben wollte. Sie schimpften: „Dass du dich immer wieder mit dem letzten Gesindel abgibst, geht wirklich zu weit! Sogar mit Betrügern und Verbrechern sitzt du an einen Tisch! Die sind doch unrein und achten Gottes Gebote nicht." Jesus schaute sie an und sagte: „Stellt euch vor, einer von euch hat hundert Schafe. Mit denen zieht er jeden Tag auf die Weide und hütet sie. Aber eines Tages verläuft sich eins der Schafe. Was wird der Hirte wohl tun?"

Die Priester und Schriftgelehrten schwiegen. Da sprach Jesus weiter: „Der Hirte lässt die anderen neunundneunzig Schafe allein weiden und sucht das verlorene Schaf. Wenn er es endlich gefunden hat, freut er sich, nimmt es auf die Schultern und trägt es nach Hause. Dort ruft er seinen Freunden und Nachbarn zu: ‚Freut euch mit mir, ich habe mein verlorenes Schaf wiedergefunden!'

So freut sich der Vater im Himmel auch über jeden Verirrten, der auf seinem falschen Weg umkehrt. Und glaubt mir, Gott freut sich über ihn mehr als über die Neunundneunzig, die glauben, sie würden alles richtig machen."

Jesus wusste, dass die Priester und Schriftgelehrten mit seinen Worten nicht einverstanden waren. Wie konnte er sie nur überzeugen? Warum gefiel ihnen denn nicht, was er erzählte und ihnen vorlebte?

Der verlorene Sohn

„Ich habe in meinem Leben schon so viel falsch gemacht, dass Gott mich gar nicht mehr lieben kann", klagte ein Mann.
„Glaubst du das wirklich?", fragte Jesus.
Der Mann nickte bedrückt. „Ach, es gibt so viele Gesetze, die ich halten soll, aber ich schaffe das einfach nicht", antwortete der Mann. „Deshalb traue ich mich schon lange nicht mehr, zu Gott zu beten. Ich bin sowieso verloren!"
„So darfst du nicht reden", sagte Jesus und begann das Gleichnis vom verlorenen Sohn zu erzählen:
„Ein Mann hatte zwei Söhne. Der jüngere Sohn wollte etwas von der Welt sehen und das Dorf verlassen. Doch dazu brauchte er Geld. Also ging er zu seinem Vater und sagte: ‚Gib mir den Teil von deinem Besitz, der mir als Erbe zusteht.'
Der Vater war zwar traurig, aber er gab ihm das Geld. Ein paar Tage später zog der jüngere Sohn in die Fremde. Er lebte, wo es ihm gefiel, kaufte sich teure Kleider und lud seine neuen Freunde zu großen Festen ein. Da gab es nur die köstlichsten Speisen und die besten Weine. Er fand dieses Leben herrlich, aber irgendwann hatte er alles Geld verjubelt. Er besaß nichts mehr, außer dem, was er anhatte.
Als er seine neuen Freunde um Hilfe bat, wollten die nichts mehr von ihm wissen und es ging ihm sehr schlecht. Da stellte ihn ein Bauer zum Schweinehüten ein. Manchmal hatte der Sohn so großen Hunger, dass er sogar von dem Schweinefutter gegessen hätte, doch das war ihm verboten.

Wehmütig dachte der Sohn daran, wie gut er es zu Hause gehabt hatte, und beschloss, zurückzugehen und seinen Vater zu bitten, ihn wenigstens als Knecht bei sich aufzunehmen.

Der Vater sah den zerlumpten Sohn schon von weitem. Er lief ihm entgegen, schloss ihn in die Arme und drückte ihn an sich.

‚Vater, verzeih mir', sagte der Sohn. ‚Ich habe alles falsch gemacht und bin gar nicht mehr wert, dein Sohn zu sein. Aber lass mich wenigstens als Knecht bei dir arbeiten.'

Der Vater sah ihn liebevoll an und rief seine Diener herbei. ‚Holt ihm die besten Kleider und Schuhe und steckt ihm einen Ring an den Finger! Schlachtet ein Kalb, wir wollen ein Fest feiern! Mein Sohn war verloren, aber jetzt hab ich ihn wieder.'

Später kam der ältere Sohn von der Arbeit auf dem Feld zurück. Er hörte Musik und fröhliche Stimmen und fragte einen Diener, was das zu bedeuten habe.

‚Dein Bruder ist zurückgekommen, deshalb wird ein Fest gefeiert', antwortete der Diener.

Da wurde der ältere Bruder wütend. Er wollte den Heimkehrer nicht sehen und ging nicht zu den Feiernden ins Haus.

Nach einer Weile kam der Vater heraus und sagte: ‚Komm doch herein und freu dich mit uns.'

‚Nein, ich freue mich nicht', schrie er. ‚Jahrelang habe ich geschuftet und war immer für dich da. Aber für mich hast du nicht mal einen Ziegenbock geschlachtet, wenn ich mit meinen Freunden feiern wollte. Jetzt kommt der wieder nach Hause, der dein Geld verjubelt hat, und du lässt das beste Kalb für ihn schlachten. Ist das vielleicht gerecht?'

‚Mein Sohn', sagte der Vater, ‚du warst immer bei mir, und alles, was ich habe, gehört auch dir, das weißt du doch. Dein Bruder war lange weg. Manchmal dachten wir schon, er sei tot. Aber er lebt und hat zu uns zurückgefunden. Das ist doch ein Grund zum Freuen und Feiern, meinst du nicht auch?'"

Steh auf und lebe!

Jesus zog weiter, heilte überall Kranke und vollbrachte so manches Wunder: Er sorgte dafür, dass ein Tauber wieder hören, ein Stummer wieder sprechen und ein Blinder wieder sehen konnte.
Eines Tages kam Jesus mit seinen Jüngern zu der kleinen Stadt Nain. In der Nähe des Stadttores begegnete ihnen ein Trauerzug. Ein junger Mann lag auf der Bahre und sollte beerdigt werden. Nach dem Tod ihres Mannes hatte die Witwe nun auch noch ihren einzigen Sohn verloren. Sie weinte und schluchzte herzzerreißend.
Als Jesus sie sah, berührte ihn ihr Schmerz. Er ging zu der Frau und sagte: „Weine nicht mehr, ich helfe dir."
Die Frau schaute ihn nur ungläubig an.
Jesus trat an die Bahre, legte die Hand auf den Toten und sprach: „Steh auf! In Gottes Namen befehle ich dir: Komm ins Leben zurück und steh auf!"
Da öffnete der junge Mann die Augen, als sei er aus einem tiefen Schlaf erwacht. Er richtete sich auf und begann zu sprechen. Seine Mutter und die anderen Trauernden konnten es nicht fassen, obwohl sie es mit eigenen Augen sahen.
Als sie sich von dem Schrecken erholt hatten, verwandelte sich der Trauerzug in einen Festzug. Sie gingen zurück und feierten ein Fest, wie das Städtchen noch keines erlebt hatte.
„Gott hat uns nicht vergessen!", riefen sie. „Er hat uns Jesus geschickt, und Jesus ist mächtiger als der Tod!" Dieses Wunder sprach sich in Windeseile herum, im ganzen Land und weit darüber hinaus.

Wen mag Gott mehr?

Unter den Juden gab es Leute, die sich für besonders fromm hielten. Zu ihnen gehörten auch die Pharisäer. Sie bemühten sich mit aller Kraft, die Gebote Gottes einzuhalten. Manche glaubten deshalb, sie seien bessere Menschen, und schauten auf die herab, die sich nicht so anstrengten.

Als Jesus im Vorbeigehen einmal die hochmütigen Blicke der Pharisäer bemerkte, sagte er laut: „Ein Pharisäer und ein Zöllner gingen in den Tempel um zu beten."
Das hörten auch die Pharisäer und sie kamen näher. Jesus nickte ihnen freundlich zu und erzählte weiter:
„Der Pharisäer stellte sich ganz vorne hin, hob den Kopf und begann zu sprechen: ‚Mein Gott, ich danke dir, dass ich nicht so schlecht und verdorben bin wie andere Leute, nicht so habgierig und unehrlich wie dieser Zöllner. Ich halte die Gesetze genau ein, ich faste zwei Tage in der Woche und ich gebe regelmäßig einen Teil meines Geldes den Armen.'
Der Zöllner stand in einer Ecke und traute sich kaum aufzuschauen. Leise betete er: ‚Herr und Gott, ich lebe nicht immer so, wie ich sollte. Ich bin sehr ungeduldig, ich schimpfe schnell und ich habe auch schon Leute belogen. Aber ich bitte dich, hab Erbarmen mit mir und vergib mir meine Schuld.'"
Ein Pharisäer unterbrach Jesus und fragte: „Warum erzählst du diese Geschichte?"

„Warum bist du so ungeduldig?", fragte Jesus zurück. „Höre doch einfach weiter zu." Dann fuhr er fort: „Gott freut sich über das Gebet des Zöllners mehr als über das des Pharisäers."
Die Pharisäer murrten.
„Auch wenn es euch nicht gefällt, sage ich euch: Gott wird dem Zöllner verzeihen, aber dem Pharisäer nicht. Denn wer so stolz ist, wer sich für besser als die anderen hält, den mag Gott nicht. Wer jedoch immer wieder daran denkt, dass auch er Fehler macht, und sich nicht für etwas Besseres hält, über den freut sich Gott."

Jesus vergibt der Sünderin

Der Pharisäer Simon wollte Jesus gerne näher kennen lernen. Daher lud er ihn zum Essen ein und Jesus ging mit ihm nach Hause. Ein paar Freunde setzten sich zu ihnen. Sie aßen und redeten miteinander, bis plötzlich eine Frau hereinkam.
„Verschwinde!", rief Simon. „Eine wie dich will ich in meinem Haus nicht haben!"
„Sei doch nicht so grob zu der Frau!", tadelte ihn Jesus.
Die Frau kniete vor Jesus nieder und weinte. Ihre Tränen tropften auf seine Füße. Da trocknete sie die Füße mit ihren langen Haaren, küsste sie und salbte sie mit kostbarem Öl, das sie extra mitgebracht hatte.

Als der Pharisäer das sah, dachte er: „Wenn Jesus wirklich ein Prophet wäre, wüsste er, dass diese Frau nicht so lebt, wie es die Gebote Gottes vorschreiben. Kein anständiger Mensch will etwas mit ihr zu tun haben, aber er lässt sich von ihr anfassen."
Jesus schaute Simon an und sagte: „Ich muss dir etwas sagen."
„Was denn?"
„Zwei Männer hatten Schulden bei einem Geldverleiher", begann Jesus. „Der eine Mann schuldete ihm fünfhundert Silbermünzen, der andere fünfzig. Beide wurden so arm, dass sie nichts zurückzahlen konnten, und beiden erließ der Geldverleiher ihre Schulden. Welcher war ihm wohl dankbarer?"
Der Pharisäer überlegte nicht lange. „Natürlich der mit den größeren Schulden."
„Richtig", sagte Jesus. Dann deutete er auf die Frau. „Sie hat nicht gelebt, wie sie sollte, und große Schuld auf sich geladen. Sie weiß das und kommt nun zu mir, weil sie hofft, dass ich ihr diese Schuld vergebe. Wenn ich das tue, wird sie mir viel dankbarer sein als jemand, dem ich nur eine kleine Schuld vergeben kann."
Simon wollte etwas sagen, aber Jesus war noch nicht fertig: „Du hast mich eingeladen und mir nicht einmal Wasser für die Füße gereicht, obwohl das in diesem Land üblich ist. Sie aber ist mir bis in dein Haus gefolgt, hat meine Füße mit ihren Tränen gewaschen, mit ihrem Haar getrocknet und mit kostbarem Öl eingerieben.
Du hast mir keinen Kuss zur Begrüßung gegeben, sie aber hat nicht aufgehört meine Füße zu küssen, seit sie hier ist. Damit hat sie mir ihre große Liebe und Dankbarkeit gezeigt."
Jesus wandte sich der Frau zu und sagte: „Dein Glaube hat dich gerettet, deine Schuld ist dir vergeben."
Die anderen Gäste schauten sich kopfschüttelnd an und flüsterten miteinander. „Der bildet sich doch tatsächlich ein, dieser Frau ihre Schuld vergeben zu können. Das ist ja ungeheuerlich!"

Von Kindern lernen

Einmal war Jesus mit gelehrten Männern in ein Gespräch vertieft. Da kamen einige Mütter mit ihren Kindern und wünschten sich, dass Jesus die Hände auf sie legte und sie segnete.
Die Jünger hielten sie zurück. „Was wollt ihr denn mit den Kindern hier? Die sind doch noch viel zu klein und verstehen gar nichts. Geht wieder nach Hause, Jesus hat Wichtigeres zu tun, als sich um kleine Kinder zu kümmern."
Als Jesus das hörte, wurde er ärgerlich. „Was soll das? Warum schickt ihr sie weg? Lasst die Kinder zu mir kommen. Gerade für sie steht Gottes neue Welt offen, denn sie sind näher bei unserem himmlischen Vater als viele Erwachsene."
Jesus sah die erstaunten Blicke seiner Jünger und der Männer, mit denen er geredet hatte. „Ihr scheint euch über meine Worte zu wundern", fuhr er fort. „Aber glaubt mir, ihr könnt von den Kindern viel lernen. Sie vertrauen ihren Eltern noch voll und ganz. Und wenn sie zu mir kommen, vertrauen sie auch mir und hören mir offen zu. Den Erwachsenen, die sich so wie Kinder öffnen können, bleibt Gottes neue Welt nicht verschlossen."
Dann ging Jesus zu den Kindern und erzählte ihnen vom Vater im Himmel, der die Kinder ganz besonders lieb habe. Und er legte ihnen die Hände auf den Kopf und segnete sie.

Am Ende des Weges

Manchmal fragten sich die Jünger, wohin Jesus sie führen würde und was sie am Ende des langen Weges erwartete. Als sie wieder einmal darüber sprachen, fragte Jesus: „Was sagen die Leute über mich? Für wen halten sie mich?"

„Manche halten dich für Johannes den Täufer, andere für einen Propheten", antworteten die Jünger.

„Und ihr, für wen haltet ihr mich?"

Die Jünger schauten sich an und zögerten mit einer Antwort. Schließlich sagte Simon Petrus: „Du bist unser Herr und Meister – und unser Freund. Aber wir wissen, dass du noch mehr bist: Du bist Christus, der Sohn Gottes, unser aller Retter."

Jesus freute sich und wurde gleichzeitig sehr ernst.

„Du hast Recht, ich bin der von den Propheten angekündigte Sohn Gottes. Und jetzt will ich euch noch etwas sagen: Ich muss nach Jerusalem gehen. Dort werden mich die höchsten Priester und Schriftgelehrten gefangen nehmen, mich beschimpfen, beleidigen, verurteilen und töten lassen. Aber nach drei Tagen werde ich wieder auferstehen."

„Nein!", rief Simon Petrus entsetzt. „Das darf nicht geschehen! Du sollst nicht getötet werden!"

„Sei still!", fuhr Jesus ihn scharf an: „Das ist Gottes Wille! Und du wirst mich nicht von meinem Weg abbringen!"

Simon Petrus schwieg und war wie die anderen Jünger sehr traurig. Aber sie folgten Jesus, der sich auf den Weg nach Jerusalem machte.

Ein armer reicher Mann

Immer wieder kamen Leute zu Jesus und fragten ihn, was sie tun mussten, um zum himmlischen Vater zu kommen. Einmal fragte ihn auch ein reicher Mann.
„Halte dich an Gottes Gebote", antwortete Jesus.
„Welche?", wollte der Mann wissen.
„Du sollst nicht töten,
du sollst nicht stehlen,
du sollst keine Ehe zerstören,
du sollst nicht lügen,
du sollst Vater und Mutter ehren."
„Und das ist alles?", fragte der Mann. „Diese Gebote habe ich seit meiner Kindheit befolgt."
„Etwas fehlt noch", sagte Jesus. „Verkaufe alles, was dir gehört, und verteile das Geld an die Armen. Wenn du nichts mehr besitzt und mit mir gehst, wird Gott dir das ewige Leben schenken."
Als der Mann das hörte, ließ er betrübt den Kopf hängen. Er dachte an sein schönes großes Haus, an seine Felder, Weinberge und Obstgärten und an das Vieh im Stall. Das sollte er alles hergeben? Nein, das konnte er nicht.
Jesus schaute ihn an, als warte er auf eine Antwort.
Weil der Mann keine gab, sagte Jesus:
„Wie so vielen reichen Leuten fällt es anscheinend auch dir sehr schwer, dich von deinem Besitz zu trennen. Und gerade dadurch verbaust du dir den Weg zum himmlischen Vater. Denn eines musst du dir merken:

Eher kommt ein Kamel durch ein Nadelöhr als ein Reicher in den Himmel."
Die Leute, die dabei standen, erschraken über diese Worte.
„Wir sind zwar längst nicht so reich wie dieser Mann", sagten sie.
„Aber auch wir besitzen manches, was wir nicht verschenken möchten. Können wir dann überhaupt den Weg zu Gott finden?"
„Ja", antwortete Jesus. „Wenn euch wirklich etwas daran liegt, kann Gottes große Liebe auch das möglich machen."

Gleicher Lohn

„Ich habe Haus und Familie für dich verlassen", sagte Simon Petrus zu Jesus. „Das war nicht leicht, aber ich bin so froh, dass ich nicht gezögert habe wie so viele andere!"
Jesus lächelte. „Ich auch, denn du bist ein guter Freund geworden. Hoffentlich schaffen das noch viele Menschen, auch wenn sie lange dafür brauchen. Es ist ja nie zu spät!"
Simon Petrus schaute ihn nachdenklich an. „Ist es bei Gott egal, ob man lange zögert, ihm sein Herz zu schenken?"
„Gott wartet auf jeden Menschen", antwortete Jesus. „Das ist wie bei dem Mann, der einen Weinberg besaß. Der musste unbedingt umgegraben werden. Da ging der Mann am frühen Morgen zum Marktplatz, um Arbeiter zu suchen und bot ihnen eine Silbermünze als Tageslohn. Die Männer, die damit einverstanden waren, schickte er in den Weinberg zum Arbeiten. Drei Stunden später merkte er, dass er noch

mehr Arbeiter brauchte und ging wieder zum Marktplatz. Dort standen ein paar Männer, die froh waren, Arbeit zu bekommen.
Obwohl alle fleißig arbeiteten, sah der Weinbergbesitzer, dass sie bis zum Abend nicht fertig würden. Also machte er sich am Nachmittag erneut auf den Weg zum Marktplatz und holte noch einmal Arbeiter. Am Abend war der ganze Weinberg umgegraben. Die Arbeiter kamen zum Besitzer, um ihren Lohn abzuholen. Zuerst bezahlte er die Arbeiter, die zuletzt angefangen hatten. Sie erhielten eine Silbermünze. Auch die Arbeiter, die schon am frühen Morgen begonnen hatten, erhielten vom Besitzer eine Silbermünze."
„Da waren sie bestimmt verärgert, oder?", fragte Simon Petrus.
Jesus nickte. „Ja, sie schimpften: ‚Wir haben den ganzen Tag in der Hitze geschuftet und sollen nicht mehr Lohn bekommen als die anderen, die nur ein paar Stunden gearbeitet haben. Das ist ungerecht!'
‚Wieso denn?', widersprach der Besitzer des Weinbergs. ‚Wir haben uns heute Morgen auf eine Silbermünze als Tageslohn geeinigt. Habt ihr die bekommen oder nicht?'
‚Ja, schon', grummelten die Arbeiter.
‚Na seht ihr', sagte der Besitzer. ‚Ich habe mich also an unsere Abmachung gehalten. Und dass ich denen, die später zu arbeiten angefangen haben, auch eine Silbermünze zahle, ist meine Sache. Schließlich kann ich jedem so viel zahlen, wie ich es für richtig halte.'"
Simon Petrus nickte bedächtig. Er hatte verstanden: Es war nicht wichtig, wann die Menschen den Weg zu Gott fanden. Wichtig war nur, dass sie ihn überhaupt fanden. Bei Gott gab es keine Letzten und Ersten. Denn Gott maß anders, auch wenn es denen, die von Anfang an dabei waren, weh tat.

Lazarus, komm heraus!

In Betanien, einem kleinen Dorf nicht weit von Jerusalem, wohnten die Geschwister Marta, Maria und Lazarus, mit denen Jesus seit langem gut befreundet war. Eines Tages wurde Lazarus krank, schwer krank. Seine Schwestern schickten jemanden zu Jesus und ließen ihm sagen: „Wir machen uns große Sorgen um Lazarus. Er ist sterbenskrank. Komm schnell!"

Doch es dauerte eine Woche, bis Jesus endlich nach Betanien kam. Da war Lazarus schon vier Tage tot.
Marta sagte ein wenig vorwurfsvoll: „Ach, wärst du doch früher gekommen! Du hättest meinem Bruder bestimmt helfen können, dann würde er jetzt noch leben."
„Er wird leben", versprach Jesus. „Jeder, der an mich glaubt, wird ewig leben, auch wenn er stirbt. Glaubst du mir das?"
„Ja, ich glaube dir."
In diesem Augenblick trat Maria aus dem Haus und beklagte den Tod ihres Bruders. Als Jesus sie weinen sah, kamen auch ihm die Tränen.
„Wenn er Lazarus so geliebt hat, warum hat er ihm dann nicht geholfen wie so vielen anderen?", fragten die Leute.
Da wurde Jesus zornig und wollte wissen, wo sein Freund begraben lag. Sie führten ihn zu dem Felsengrab, das mit einem großen Stein verschlossen war.
„Nehmt den Stein weg!"
„Was hast du vor?", fragte Marta.
„Das wirst du gleich sehen", antwortete Jesus.
Ein paar Männer rollten den Stein zur Seite. Jesus stellte sich vor das offene Grab, blickte zum Himmel auf und sagte: „Ich danke dir, Vater, dass du mich erhört hast. Ich weiß, dass du immer für mich da bist, wenn ich dich brauche, und die Leute hier sollen es auch wissen."
Dann rief er laut: „Lazarus, komm heraus!"
Die Leute starrten atemlos auf den dunklen Eingang des Grabes. Sie hörten ein Geräusch und kurz danach kam Lazarus heraus. Er war noch in weiße Tücher gehüllt – wie es damals bei Toten üblich war – und konnte nur mühsam gehen. Entsetzt wichen die Leute zurück.
„Das kann doch nicht sein", murmelten sie. „Lazarus war doch schon vier Tage tot!"
Jesus aber sprach: „Nein, er lebt. Freut euch mit mir, dass Gott ihm das Leben wieder geschenkt hat. Und jetzt nehmt ihm die Tücher ab!"

Ein anderer König

Jesus machte sich mit seinen Jüngern auf den Weg nach Jerusalem, denn er wollte dort das Passahfest feiern. Als sie die Stadt schon sehen konnten, schickte er zwei von ihnen voraus ins nächste Dorf: „Bei den ersten Häusern werdet ihr einen Esel finden. Bindet ihn los und bringt ihn zu mir."

Die Jünger zögerten. „Was ist, wenn uns der Besitzer sieht und für Diebe hält?"

„Dann sagt ihr einfach, dass ich den Esel brauche. Er bekommt ihn später wieder."

Die beiden Jünger gingen ins Dorf, fanden den Esel und banden ihn los.

„He! Was macht ihr da?", rief der Besitzer.

„Jesus von Nazaret schickt uns, er braucht deinen Esel."

„Jesus von Nazaret?", fragte der Besitzer und rieb sich nachdenklich die Nase. „Das ist doch der Mann, der den toten Lazarus wieder lebendig gemacht hat."

„Ganz genau."
„Und wozu braucht er meinen Esel?"
„Wir wissen es nicht", antworteten die Jünger. „Aber wir sollen dir sagen, dass du ihn zurückbekommst."
„Gut, dann bringt ihm den Esel und grüßt ihn von mir."
Die Jünger bedankten sich und führten den Esel zu Jesus.
Jetzt konnte in Erfüllung gehen, was ein Prophet angekündigt hatte:
„Freue dich Jerusalem,
dein König kommt!
Er ist bescheiden und friedfertig,
er reitet nicht auf einem hohen Ross,
sondern auf einem Esel."

In Jerusalem war viel los, wie immer zur Zeit des Passahfestes, zu dem Juden aus allen Orten des Landes kamen. Die Straßen waren voller Menschen. Viele kannten Jesus oder hatten schon von seinen Wundertaten gehört. Manche breiteten ihre Kleider und grüne Zweige auf der Straße aus, über die Jesus wie auf einem Teppich ritt. Frauen und Kinder streuten Blumen. Erste Hochrufe waren zu hören und schnell wurden es mehr.
„Hosianna! Hosianna! Gelobt sei, der da kommt! Er ist der neue König, den uns der Herr, unser Gott, schickt!"
Die Menschen jubelten Jesus zu und die Jünger freuten sich über den großartigen Empfang. Sie waren sogar ein wenig stolz, als seine besten Freunde dabei zu sein.
Jesus aber saß still und ernst auf dem Esel und dachte daran, was ihm in Jerusalem bevorstand.

Jesus räumt auf

Jesus ging zuerst in den Tempel, das Haus seines Vaters, wie er dazu auch sagte.
Doch was sah er: Schon der Vorhof des Tempels glich mehr einem Markt als einem Gotteshaus. Händler verkauften Tauben, Schafe,

ja sogar Ochsen als Opfertiere. Männer saßen an Tischen und wechselten das Geld der Leute in Münzen, die geopfert werden konnten. Überall handelten und feilschten die Leute miteinander.
Jesus wurde furchtbar wütend. Er trieb die Ochsen und Schafe hinaus und warf die Tische der Geldwechsler um, dass die Geldstücke über den Boden rollten.
„He, was soll das!", riefen sie.
„Verschwindet von hier", rief Jesus zurück. „Das ist Gottes Haus. Die Menschen kommen hierher um zu beten – und ihr habt eine Räuberhöhle daraus gemacht!"
Die Priester und Schriftgelehrten, die dazukamen, waren empört – aber nicht über die Händler und Geldwechsler, sondern über Jesus.
„Der führt sich ja auf, als ob er der Herr im Tempel sei. Dem müssen wir zeigen, wer hier zu bestimmen hat", murmelte einer.
„Die Leute auf der Straße haben ihm zugejubelt und gerufen, er sei der von Gott gesandte Retter", sagte ein anderer. „Und er hat ihnen nicht widersprochen."
„Wir müssen schnell etwas gegen ihn tun, sonst glauben die Leute bald alle ihm und nicht mehr uns", flüsterte noch einer. „Aber wir müssen geschickt vorgehen, damit niemand merkt, dass wir dahinter stecken."
Dann zogen sie sich zurück und überlegten lange, wie sie Jesus am besten aus dem Weg schaffen konnten.

Der enttäuschte Judas

Nicht nur die Priester und Schriftgelehrten machten sich über Jesus Gedanken. Das tat auch Judas Iskariot, einer der zwölf Jünger. Obwohl er all die Wunder mit eigenen Augen gesehen hatte, zweifelte er immer öfter an Jesus. Wenn der wirklich Gottes Sohn war, warum zeigte er dann seine Macht nicht deutlicher? Warum predigte er immer nur: „Wer zwei hat, gebe dem eins, der keins hat?" Warum nahm er den Reichen nicht ihren Besitz weg und gab ihn den Armen? Warum jagte er die verhassten römischen Herrscher nicht endlich aus dem Land und erlöste das israelische Volk? Warum erlöste er nicht alle Völker von ihren Unterdrückern?

Wie viele andere hatte Judas gehofft, Jesus werde eine gerechte und friedliche Welt schaffen. Und nun redete er immer öfter davon, dass er bald sterben müsse. Aber wie konnte ein toter Jesus den Menschen helfen?

Judas hatte sich das alles anders vorgestellt und war enttäuscht und wütend. Eines Tages ging er heimlich zu den Priestern.

„Ich werde euch helfen, Jesus in aller Stille zu verhaften, ohne dass die Leute es bemerken", sagte Judas.

Die Priester waren erstaunt und erfreut über das Angebot. Sie versprachen Judas 30 Silbermünzen, und von da an suchte er nach einer günstigen Gelegenheit, um Jesus zu verraten.

Jesus wäscht seinen Jüngern die Füße

Am Abend des Passahfestes saß Jesus mit seinen Jüngern an einem großen Tisch. Bevor sie aßen, zog er seinen Mantel aus und band sich ein Tuch um. Dann goss er Wasser in eine Schüssel.
Die Jünger schauten ihm schweigend zu und wussten nicht, was das zu bedeuten hatte. Da kniete er nieder und fing an, ihnen die Füße zu waschen.
Als er zu Simon Petrus kam, sagte der: „Herr, du willst mir die Füße waschen?"
Jesus nickte.
„Nein, Herr", rief Simon Petrus, „niemals sollst du mir die Füße waschen! Eher müsste ich das für dich tun, denn du bist so viel größer als ich."
„Du verstehst nicht, worum es geht", sagte Jesus. „Lass mich deine Füße waschen, das ist wichtig für uns beide."
Simon Petrus gab nach, hatte aber ein ungutes Gefühl, als Jesus vor ihm kniete.

Nachdem Jesus allen die Füße gewaschen hatte, setzte er sich zwischen seine Jünger. „Begreift ihr, was ich eben für euch getan habe? Ihr nennt mich Herr und Meister, und ihr habt Recht, das bin ich. Trotzdem habe ich euch die Füße gewaschen. So sollt auch ihr in Zukunft Gutes tun und füreinander sorgen. Denn niemand ist so groß und bedeutend, dass er nicht seinem Mitmenschen helfen sollte, egal wie unwichtig der zu sein scheint."
Jesus schaute Simon Petrus an: „Begreifst du jetzt, warum ich dir die Füße waschen wollte?"
„Ja, Herr", sagte dieser.

Das letzte Mahl

„Ich habe mir sehr gewünscht, dieses Passahmahl mit euch zu feiern", sagte Jesus, als er mit seinen Jüngern am Tisch saß. „Es wird das letzte Mahl sein, das ich mit euch esse."
Die Jünger sahen ihn erstaunt an.
Jesus nahm das Brot, sprach ein Dankgebet, brach es und gab jedem ein Stück.
„Nehmt und esst, das ist mein Leib."
Die Jünger wunderten sich: Was meinte Jesus damit? Doch bevor sie ihn fragen konnten, nahm er einen Becher mit Wein, dankte Gott und reichte ihn weiter.
„Nehmt und trinkt, das ist mein Blut. Ich gebe meinen Leib und mein Blut, damit eure Schuld und die Schuld aller Menschen vergeben ist. Mein Tod öffnet allen Menschen das Tor zu Gottes neuer Welt."
Bis auf Judas wollten die Jünger nicht glauben, dass Jesus wirklich sterben musste.
„Meine Feinde warten schon, um mich zu verhaften", sagte er. „Und einer von euch wird mich verraten."
„Was!", riefen die Jünger bestürzt. „Das kann nicht sein, du musst dich irren!"
Jesus schüttelte den Kopf. „Ich irre mich nicht, der Verräter sitzt hier am Tisch."
Die Jünger schauten sich an und fragten sich, wer so etwas Furchtbares tun konnte. Judas aber stand auf und verließ den Raum.

Im Garten Getsemani

Schweigend und bedrückt ging Jesus mit seinen elf Jüngern zum nahen Ölberg. Unterwegs sagte er zu ihnen: „Heute Nacht werdet ihr mich alle verlassen …"
„Nein, Herr, ich verlasse dich nicht", fiel ihm Simon Petrus ins Wort. „Und wenn dich alle verlassen, ich bleibe bei dir."
„Täusche dich nicht", sagte Jesus.
„Bestimmt nicht!"
„Das denkst du jetzt. Aber ich sage dir: Bevor der Hahn heute Nacht kräht, wirst du dreimal behaupten, dass du mich nicht kennst."
Simon Petrus ärgerte sich über diese Worte und widersprach energisch: „Das werde ich niemals tun, und wenn ich mit dir zusammen sterben müsste!"
Das Gleiche sagten auch die anderen Jünger. Jesus schwieg und ging weiter, bis sie zu einem Garten kamen, der Getsemani hieß. Dort bat er die Jünger mit ihm zu wachen und zu beten.
„Ich habe große Angst, denn auf mir liegt eine schwere Last, die mich fast erdrückt."
Er ging noch einige Schritte weiter, fiel auf die Knie und betete: „Mein Vater, du kannst alles, du kannst mich auch vor dem Leiden bewahren. Wenn es möglich ist, erspare es mir. Aber nicht, was ich will, soll geschehen, sondern was du willst."
Jesus stand auf und ging zu seinen Jüngern zurück. Er brauchte jetzt die Nähe seiner Freunde. Aber sie schliefen. „Könnt ihr nicht mal eine Stunde wach bleiben?", fragte er enttäuscht.

Die Jünger schreckten auf und entschuldigten sich.

„Bleibt wach und betet mit mir", bat Jesus.

Dann ging er wieder weg, um mit seinem Vater zu reden. Und wieder schliefen die Jünger ein.

„Der Wille mit mir zu wachen und zu beten ist da, aber ihr seid schwache Menschen", sagte Jesus.

Er ging zum dritten Mal ein Stück weit weg und betete. Als er zurückkam, sagte er: „Schlaft ihr denn immer noch? Wacht auf, es ist so weit, der Verräter kommt."

Gefangennahme

Plötzlich waren Stimmen zu hören und Fackeln leuchteten auf. Soldaten mit Spießen und Schwertern stürmten in den Garten, in dem Jesus mit seinen Jüngern saß. Judas war unter den Soldaten. Er ging auf Jesus zu und küsste ihn.
„Mit einem Kuss verrätst du mich", sagte Jesus.
Sofort umringten ihn die Soldaten. Einer der Jünger griff nach dem Schwert eines Soldaten und schlug einem der Männer ein Ohr ab.
„Steck das Schwert weg!", befahl Jesus. „Denn wer zum Schwert greift, wird durch das Schwert umkommen." Er heilte das Ohr und fragte die Soldaten: „Warum kommt ihr bei Nacht mit Schwertern und Spießen, als ob ich ein Verbrecher wäre? Ich war doch jeden Tag im Tempel, warum habt ihr euch da nicht getraut, mich festzunehmen? Ihr schweigt? Dann werde ich es euch sagen: Mein Vater im Himmel will, dass es so geschieht, und sein Wille geschehe."
Da flohen die Jünger, wie Jesus es vorausgesagt hatte.

Wenn der Hahn kräht

Die Soldaten führten Jesus zum Palast des höchsten jüdischen Priesters Kaiphas. Simon Petrus folgte ihnen heimlich bis in den Hof des Palastes. Dort setzte er sich möglichst unauffällig zu den Wächtern und Dienern, um zu sehen, was mit Jesus geschehen würde.
Eine Frau kaum dazu, blieb vor Simon Petrus stehen und schaute ihn an. „Dich hab ich schon gesehen, du warst doch mit diesem Jesus von Nazaret zusammen."
Petrus schüttelte energisch den Kopf. „Ich weiß nicht, wovon du redest."
Dann ging er ein Stück weg und setzte sich an einen anderen Platz.
Es dauerte nicht lange, da fiel er wieder einer Frau auf. „Der da war gestern auch bei Jesus von Nazaret."
„Ich?", fragte Simon Petrus. „Ich kenne diesen Mann überhaupt nicht, das schwöre ich."
„Natürlich kennst du ihn", behauptete ein Mann. „Du kommst wie er aus Galiläa, das hört man ja schon an deiner Aussprache."
Simon Petrus fluchte. „So glaubt mir doch, ich kenne den Mann nicht! Gott soll mich strafen, wenn ich lüge."
In diesem Augenblick krähte ein Hahn. Da fiel Simon Petrus ein, was Jesus gesagt hatte: Bevor der Hahn kräht, wirst du dreimal behaupten, dass du mich nicht kennst.
„Warum hab ich das getan?", fragte er sich. Verzweifelt schlug er die Hände vors Gesicht und ging weinend davon.

Das Urteil

Im Hause des Kaiphas hatte sich der Hohe Rat der Juden versammelt und verhörte Jesus. Aber der schwieg zu allen Fragen und Vorwürfen.
Ein Mann zeigte auf Jesus und sagte: „Er hat behauptet, er könne den Tempel Gottes niederreißen und in drei Tagen wieder aufbauen!"
„Was sagst du dazu?", fragte Kaiphas. „Willst du dich nicht endlich verteidigen?"
Auch auf diese Frage antwortete Jesus nicht. Die hohen Herren wurden langsam ungeduldig. Sie steckten die Köpfe zusammen und flüsterten miteinander.
Dann stand Kaiphas auf und sagte: „Ich frage dich im Namen des lebendigen Gottes: Bist du der versprochene Retter, der Sohn Gottes?"
„Du sagst es", antwortete Jesus. „Und ich sage euch: Bald werde ich an der Seite meines himmlischen Vaters sitzen."
Kaiphas war so empört, dass er sein Gewand zerriss.
„Das ist Gotteslästerung!", schrie er. „Ihr habt es alle gehört. Wie lautet euer Urteil?"
„Er ist schuldig und muss sterben!", riefen die Herren des Hohen Rates.
Einige spuckten Jesus ins Gesicht. Andere banden ihm die Augen zu und schlugen ihn.
„Du willst doch Gottes Sohn sein, dann sag uns doch mal, wer dich gerade geschlagen hat", spotteten sie.
Aber Jesus schwieg.

Kreuzige ihn!

Auch wenn der Hohe Rat der Juden Jesus zum Tod verurteilt hatte, so konnten sie ihn doch nicht einfach töten. Ob Jesus sterben musste, durften nur die Römer entscheiden, die damals über das israelische Volk herrschten. Also brachte man Jesus am Morgen zu Pontius Pilatus, dem obersten Römer in Israel.
Die Mitglieder des Hohen Rates berichteten Pilatus, warum Jesus ihrer Meinung nach den Tod verdient hatte.
„Er lästert Gott, denn er behauptet, Gottes Sohn zu sein."
Pilatus sah Jesus an: „Bist du der Retter, auf den sie schon so lange warten?"
„Ja, ich bin es", antwortete Jesus.

Da die Römer nicht an den Gott der Juden glaubten, gab es für sie auch keine Gotteslästerung, für die man verurteilt werden musste. Also sagte Pontius Pilatus: „Dieser Mann hat nichts getan, wofür er den Tod verdient."
Doch der Hohe Rat ließ nicht locker und behauptete, Jesus habe das Volk gegen die Römer aufgehetzt. Er erkenne den römischen Kaiser nicht als seinen Herrn an, sondern wolle selbst als König der Juden herrschen.
„Du hörst, was sie dir vorwerfen", sagte Pilatus zu Jesus. „Was hast du zu deiner Verteidigung zu sagen?"
Jesus schwieg.
Pilatus schüttelte den Kopf. Er hielt Jesus für unschuldig, wollte aber mit dem Hohen Rat keine Schwierigkeiten haben. Er überlegte, wie er aus dieser Situation am besten herauskommen konnte. Da hatte er eine Idee: Es war üblich, dass er zum Passahfest einem Gefangenen die Freiheit schenkte. Das Volk durfte entscheiden, wer das sein sollte. Pilatus ließ den gefürchteten Mörder Barabbas holen, weil er dachte, den wolle das Volk bestimmt nicht haben.
Dann trat er mit Jesus und Barabbas vor die Menge und fragte: „Wen soll ich freilassen, Jesus oder Barabbas?"
Weil der Hohe Rat die Leute inzwischen gegen Jesus aufgehetzt hatte, schrien die meisten: „Barabbas!"
„Und was soll ich mit Jesus machen?"
„Kreuzige ihn!", schrie die Menge.
„Was hat er denn verbrochen?", fragte Pilatus.
Aber die Leute hörten ihm nicht mehr zu. Sie schrieen immer lauter „Ans Kreuz mit ihm! Ans Kreuz mit ihm!"
Pilatus merkte, dass er diese wilde Menge nicht mehr beruhigen konnte, also gab er nach.
„Also gut, meinetwegen könnt ihr ihn haben. Aber ich wasche meine Hände in Unschuld", rief er und übergab Jesus seinen Soldaten.

Jesus wird gekreuzigt

Die Soldaten führten Jesus hinaus, zogen ihn aus und hängten ihm einen roten Mantel um. Dann flochten sie einen Kranz aus Dornenzweigen und setzten ihn Jesus auf den Kopf.
„Hier ist deine Krone, du König der Juden!", spotteten sie.
„Und das ist dein Herrscherstab!", sagte einer und drückte Jesus einen Stock in die Hand.
Laut lachend warfen sich die Soldaten vor ihm nieder und riefen:
„Hoch lebe der König der Juden!"
Sie bespuckten Jesus und verhöhnten ihn weiter. Dann zogen sie ihm den roten Mantel wieder aus und seine Kleider an und luden ihm das Kreuz auf den Rücken. Das sollte er auf den Hügel Golgota vor der Stadt tragen. Dort wurden die zum Tode verurteilten Menschen hingerichtet.
Jesus schleppte das schwere Kreuz nur mühsam vorwärts und brach schließlich zusammen. Da zwangen die Soldaten einen Bauern, das Kreuz für Jesus zu tragen. Auf Golgota – der Schädelstätte – nagelten die Soldaten Jesus ans Kreuz.
„Vater, vergib ihnen, denn sie wissen nicht, was sie tun", betete Jesus.
Über seinen Kopf hängten die Soldaten ein Schild, auf dem stand:
Jesus von Nazaret, König der Juden.
Dann stellten sie das Kreuz auf. Viele standen darunter, Frauen und Männer. Manche weinten und waren entsetzt, manche verspotteten Jesus. Auch die Priester und Schriftgelehrten machten sich über ihn lustig.

„Anderen soll er geholfen haben, dabei kann er nicht mal sich selbst helfen! Steig doch herab vom Kreuz, dann glauben wir dir, dass du Gottes Sohn bist!"

Sogar einer der beiden Verbrecher, die links und rechts von Jesus am Kreuz hingen, spottete: „He du! Warum rettest du uns nicht? Das kann doch für den König der Juden nicht schwer sein!"

„Sei still!", rief der andere. „Wir haben unsere gerechte Strafe erhalten, aber er hat nichts Unrechtes getan." Dann drehte er den Kopf zu Jesus. „Ich bitte dich, denk an mich, wenn du bei deinem himmlischen Vater bist!"

Jesus antwortete ihm mit schwacher Stimme: „Ich verspreche dir, du wirst noch heute mit mir im Paradies sein."

Jesus stirbt

Jesus hing lange am Kreuz und litt große Schmerzen. Um die Mittagszeit verdunkelte sich der Himmel. Zuerst dachten die Leute, es würde ein Gewitter geben, aber sie begriffen bald, dass es sich um eine andere Dunkelheit handelte. Mitten am Tag brach über dem ganzen Land die Nacht herein.
Dann rief Jesus laut: „Mein Gott, mein Gott, warum hast du mich verlassen?"
„Jetzt ruft er um Hilfe", sagte ein Soldat. „Mal sehen, ob jemand kommt."
Ein anderer Soldat steckte einen nassen Schwamm auf seinen Spieß und benetzte Jesus Mund. Dann hob Jesus noch einmal den Kopf und sagte mit schwacher Stimme: „Vater im Himmel! Ich habe meine Aufgabe erfüllt. Nun bitte ich dich, nimm mich bei dir auf!"
Nach diesen Worten starb er.
Im gleichen Augenblick riss der Vorhang im Tempel von Jerusalem entzwei. Die Erde bebte, Felsen brachen auseinander.
Die Soldaten erschraken und schauten unsicher zu ihrem Hauptmann. Der murmelte: „So etwas habe ich noch nie erlebt. Ich glaube, das war wirklich ein ganz besonderer Mensch."

Das Grab ist leer

Der reiche und angesehene Jude Josef von Arimathäa bat Pilatus, Jesus beerdigen zu dürfen. Pilatus erlaubte es ihm. Und so nahm Josef am Abend mit Freunden den toten Jesus vom Kreuz. Sie wickelten ihn in ein Leinentuch und legte ihn in Josefs Grab. Das hatte er für sich selbst in einen Felsen hauen lassen. Dann rollten sie einen großen Stein vor den Eingang, damit niemand hineinkonnte. Am frühen Sonntagmorgen gingen drei Frauen zum Grab. Sie wollten den toten Jesus mit duftenden Ölen einreiben, so wie es bei den Juden Brauch war. Unterwegs fiel ihnen der schwere Stein ein.
„Wie sollen wir den nur zur Seite rollen?", fragte Maria Magdalena. Doch als sie zum Grab kamen, stand ein Engel neben dem offenen Eingang. Die Frauen erschraken.
„Fürchtet euch nicht", sagte er. „Ich weiß, ihr sucht den toten Jesus von Nazaret. Er ist nicht mehr hier. Gott hat ihn vom Tod erweckt. Schaut euch die Stelle an, wo er gelegen hat."
Die Frauen traten näher und wagten kaum zu atmen. Dann sahen sie es selbst: Auf der Steinbank lag nur noch ein Leinentuch.
„Geht zu seinen Jüngern", sprach der Engel weiter, „und sagt ihnen: Jesus ist auferstanden!"
Zitternd vor Aufregung liefen die Frauen davon. Plötzlich sahen sie einen Mann vor sich. Er kam auf sie zu. Als die Frauen ihn erkannten, warfen sie sich vor ihm nieder und umfassten seine Füße.
„Habt keine Angst", sagte Jesus. „Freut euch mit mir, ich habe den Tod überwunden. Sagt meinen Freunden, wir werden uns wiedersehen."

Endlich verstehen sie

Zwei der Jünger waren auf dem Weg nach Emmaus, einem Dorf nicht weit von Jerusalem. Sie waren noch immer sehr traurig, weil Jesus hatte sterben müssen. Und jetzt war das Grab leer und die Frauen hatten behauptet, Jesus lebend gesehen zu haben. Waren das alles Hirngespinste? Oder war Jesus wirklich auferstanden?

Während sie darüber sprachen, tauchte ein Mann auf und ging neben ihnen her. Weil sie in Gedanken waren, beachteten sie ihn kaum und redeten einfach weiter.

Der Mann hörte ihnen lange zu, bis er schließlich sagte: „Ich merke, dass ihr nicht verstanden habt, warum alles so gekommen ist. Dabei

haben es die Propheten doch vorausgesagt und in den Heiligen Schriften steht es geschrieben: Gottes Menschensohn muss sterben, aber er wird den Tod überwinden – für alle Menschen, so dass sie zum himmlischen Vater kommen können."

Sie näherten sich gerade dem Dorf und der Mann wollte sich von den beiden Jüngern verabschieden, aber sie sagten: „Es wird schon dunkel, geh nicht weiter, bleib lieber bei uns."

„Gerne", sagte der Mann und setzte sich mit ihnen an den Tisch. Er nahm das Brot, dankte Gott, brach es in Stücke und gab es den Jüngern. Da starrten sie ihn mit großen Augen an und erkannten, wer bei ihnen saß. Doch ehe sie etwas sagen konnten, war Jesus ebenso schnell verschwunden, wie er aufgetaucht war.

„Jetzt weiß ich, warum mir ganz warm ums Herz wurde, als er unterwegs von Gottes Menschensohn gesprochen hat", sagte der eine.

„Mir ging's genauso", sagte der andere. „Aber warum haben wir Jesus nicht gleich erkannt?"

Darauf wusste keiner eine Antwort.

Sie gingen sofort zurück nach Jerusalem und erzählten ihren Freunden voller Freude: „Die Frauen haben Recht: Jesus lebt, wir haben ihn auch gesehen!"

Da stand plötzlich Jesus in ihrer Mitte und sagte: „Friede sei mit euch."

Alle erschraken und dachten, sie sähen einen Geist.

Doch Jesus beruhigte sie. „Keine Angst, ich bin es wirklich." Er zeigte ihnen die Wunden an seinen Händen und Füßen. „Fasst mich an, damit ihr merkt, dass ich aus Fleisch und Blut bin." Er lächelte. Aber weil Jesus in manchen Augen immer noch Zweifel sah, fragte er: „Habt ihr etwas zu essen hier?"

Sie brachten ihm ein Stück gebratenen Fisch und schauten ihm zu, als hätten sie noch nie jemand essen sehen. Nun glaubten sie wirklich, dass Jesus kein Geist, sondern der auferstandene Sohn Gottes war.

Der ungläubige Thomas

Als Jesus sich seinen Jüngern gezeigt hatte, war einer von ihnen nicht dabei gewesen: Thomas. Die anderen erzählten ihm später begeistert: „Stell dir vor, wir haben den Herrn gesehen. Er lebt!"
Thomas schaute sie zweifelnd an. „Ihr könnt mir viel erzählen", sagte er. „Das glaube ich erst, wenn ich ihn selbst sehe und mit meinen Händen die Wunden an seinen Händen und Füßen berührt habe."
Als die Jünger eine Woche später erneut in dem Haus versammelt waren, stand Jesus plötzlich wieder mitten unter ihnen und sagte: „Friede sei mit euch!"
Thomas starrte ihn mit großen Augen an. Jesus ging zu ihm und zeigte ihm seine Hände und Füße.

„Sieh dir meine Wunden genau an, Thomas. Lege deine Finger darauf und fühle sie. Dann höre auf zu zweifeln und glaube, dass ich von den Toten auferstanden bin."

„Mein Herr und mein Gott." Mehr brachte Thomas nicht über die Lippen.

„Jetzt glaubst du, weil du mich mit deinen eigenen Augen gesehen hast", sagte Jesus. „Wohl denen, die an mich glauben, ohne mich zu sehen. Wer das tut, dessen Glaube ist tief."

Ich bin immer bei euch

Jesus erschien seinen Jüngern noch öfter und erklärte ihnen die Heiligen Schriften, wie er sie den beiden Jüngern auf dem Weg nach Emmaus schon ausgelegt hatte. Vierzig Tage nach seiner Auferstehung versammelte er sie in Jerusalem zum letzten Mal um sich und gab ihnen einen wichtigen Auftrag: „Erzählt den Menschen aller Völker,

was ihr gesehen und gehört habt. Tauft sie auf den Namen des Vaters, des Sohnes und des Heiligen Geistes, damit sie Gottes Kinder werden. Verkündet ihnen die frohe Botschaft, dass ich den Tod überwunden habe und allen Menschen der Weg zum ewigen Leben in Gottes neuer Welt offen steht. Denn Gott liebt die Menschen, trotz ihrer Fehler und Schwächen. Viele werden euch nicht glauben, so wie sie mir nicht geglaubt haben. Sie werden euch beschimpfen und bekämpfen, deswegen werdet ihr viel Kraft brauchen. Unser himmlischer Vater wird euch diese Kraft schenken. Bleibt in Jerusalem, dort werdet ihr seinen Heiligen Geist empfangen."
Die Jünger hörten atemlos zu.
Dann fragte einer leise: „Bleibst du denn nicht bei uns?"
„Ihr braucht nicht traurig zu sein und keine Angst zu haben", antwortete Jesus. „Ich gehe jetzt zu meinem Vater im Himmel, aber ich bin trotzdem immer bei euch, ganz egal, wo ihr seid und was ihr tut. Das dürft ihr nie vergessen."
Nach diesen Worten verließ Jesus die Erde.
Die Jünger waren traurig, denn sie vermissten ihren Freund. Deshalb trafen sie sich immer wieder mit anderen Frauen und Männern, die fest zu Jesus gehalten hatten. Sie erzählten einander alle Taten, die Jesus getan, und alle Worte und Gleichnisse, die Jesus gesprochen hatte. Und so lebte Jesus wirklich unter ihnen weiter.

Der Heilige Geist

Als die Menschen in Jerusalem das jüdische Pfingstfest feierten, saßen auch die Jünger und Freunde Jesus wieder beisammen. Sie hatten mittlerweile Matthias als zwölften Jünger für Judas Iskariot gewählt. Plötzlich hörten sie ein lautes Brausen. Zuerst dachten sie ein Unwetter ziehe auf, doch es war keiner der üblichen Stürme. Über jedem der zwölf Jünger leuchtete ein Feuerschein und alle fühlten, dass etwas Besonderes mit ihnen geschah. Zuerst standen sie stumm und staunend beieinander, dann fingen die ersten an zu reden.
„Das ist der Heilige Geist, von dem Jesus gesprochen hat", meinte einer.
„Ich fühle mich unendlich froh", sagte ein anderer.
Voller Freude redeten sie immer mehr durcheinander. Dabei merkten sie, dass sie Sprachen sprechen konnten, die sie nie zuvor gelernt hatten. Als die Leute sie so reden hörten, machten sich einige über sie lustig und sagten: „Die sind ja betrunken!"
Aber die Jünger waren nicht betrunken – sie waren nur außer sich vor Freude! Denn nun konnten sie den Menschen aller Völker die Botschaft Jesu verkünden, da sie ihre Sprachen beherrschten. Und so machten sich die zwölf als Jesu Apostel frohen Mutes auf den Weg, wie es Jesus ihnen aufgetragen hatte, und gingen in alle Himmelsrichtungen davon.

Wichtige Begriffe

Apostel sind Gesandte, die die Botschaft Jesu in die Welt tragen sollen. Die ersten Apostel waren die zwölf Jünger. Später kamen noch weitere dazu.

Aussatz Darunter verstanden die Juden damals eine Hautkrankheit, die wieder heilen konnte. Allerdings galt der davon befallene Mensch als unrein und durfte keinen Kontakt zu anderen haben.

Christus bedeutet „der Gesalbte", wie auch das Wort Messias. Ursprünglich nannte man so den König, der durch die Salbung in sein Amt eingesetzt wurde. Später verstand man darunter eine Art Heilsbringer, der den Menschen auf der Erde und darüber hinaus helfen würde. Auch Jesus wurde von vielen Christus genannt und mit der Zeit wurde daraus eine Art Nachname: Jesus Christus.

Engel bedeutet „Bote Gottes". Nach biblischer Vorstellung erhalten Engel Aufträge von Gott, die sie ausführen müssen.

Gleichnis ist eine kurze Geschichte, in der Jesus den Menschen seine Botschaft sehr anschaulich und mit Beispielen erklärt.

Heilige Schrift Damit ist die Bibel gemeint. Wenn Jesus von den Heiligen Schriften sprach, meinte er den Teil der Bibel, der vor seiner Zeit geschrieben worden war. Diesen Teil nennt man das Alte

Testament. Den zweiten Teil der Bibel, das Neue Testament, haben Christen geschrieben.

Heiliger Geist meint die Kraft Gottes, die alles Leben erschaffen hat, und die Menschen zu außergewöhnlichem Handeln befähigt, wie zum Beispiel Jesus und die Apostel. Der Heilige Geist wird oft als Taube dargestellt.

Hoher Rat war die oberste jüdische Behörde, die sich aus hohen Priestern, Schriftgelehrten und angesehenen Ältesten zusammensetzte. Unter römischer Herrschaft konnten sie nur über Glaubensfragen entscheiden, für alles andere waren die Römer zuständig. Deshalb konnte der Hohe Rat auch das Todesurteil gegen Jesus nicht vollstrecken.

Messias bedeutet wie Christus „der Gesalbte". Die Juden warteten auf den von Gott angekündigten Messias, der ihr Volk von fremder Herrschaft erlösen und sie in Gottes Reich führen sollte.

Opfer war bei den Juden eine Gabe an Gott, um ihm zu danken oder ihn um Hilfe zu bitten. Geopfert wurden Speisen, Tiere, aber auch Geld. Die Christen sehen im Tod Jesu das für alle Zeiten gültige Opfer und lehnen daher weitere Opfer ab.

Palästina Das Gebiet von Palästina wurde auch das „Gelobte Land" der Juden genannt. Es hatte keine festen Grenzen und bestand aus mehreren Provinzen. Dazu gehörten Judäa, Peräa, Samaria und Galiläa.
Im Jahr 63 vor Christus eroberten die Römer Jerusalem und herrschten rund 600 Jahre über das Land.

Passah wird auch Pascha oder Pessach genannt und ist ein hohes jüdisches Fest, das acht Tage lang dauert. Es wird zu Erinnerung an den Auszug des israelitischen Volkes aus der ägyptischen Gefangenschaft gefeiert. Während des Passahfestes wird ein häusliches Festmahl gehalten. Zuerst liest der Hausvater die Erzählung über den Auszug aus Ägypten. Dann spricht er den Segen und das Mahl beginnt. Gegessen werden ungesäuerte Brote und besondere, ausgewählte Speisen, wie zum Beispiel ein Bitterkraut, das an die Bitterkeit der Gefangenschaft erinnern soll. Dazu trinkt jeder Wein. Zu Lebzeiten Jesu zogen zu diesem Fest viele Menschen nach Jerusalem und hielten dort das Passahmahl.

Pharisäer waren eine religiöse Gruppe, die verlangte, dass die Gesetze ganz genau eingehalten werden. Nur dann könne das Volk Israel von Gott erlöst werden. Weil nicht alle Juden so lebten, hielten sich die Pharisäer für bessere Menschen.

Priester waren ausgewählte Menschen, die den Gottesdienst feiern, Opfer darbringen und den Willen Gottes deuten durften. Der oberste Priester hieß Hohepriester und stand auch dem Hohen Rat vor.

Prophet ist in der Bibel ein Mensch, zu dem Gott gesprochen hat. Er soll den Menschen berichten, was Gott ihnen sagen will.

Römerreich war ein riesiges Reich, dessen Zentrum in Rom lag. Im 1. Jahrhundert vor Christus unterwarfen die Römer Palästina und herrschten dort. Sie waren bei den Juden nicht beliebt.

Sabbat jüdischer Ruhe- und Feiertag. Er beginnt am Freitagabend und endet am Samstagabend. Nach der Überlieferung des Alten

Testaments ist der Sabbat der siebte Schöpfungstag, an dem Gott sich ausruhte.

Schriftgelehrter ein Fachmann für die Gesetze. Auf Grund ihres Wissens waren Schriftgelehrte sehr angesehen und besaßen großen Einfluss. Ein Großteil der Schriftgelehrten gehörten zu den Pharisäern.

Synagoge jüdisches Gotteshaus, in dem Gottesdienste, aber auch Versammlungen der Gemeinde und Unterricht in Glaubensfragen stattfinden. In der Synagoge konnte zu Jesu Zeiten jeder jüdische Mann, der sich in den Heiligen Schriften auskannte, daraus Stellen vorlesen und sie erläutern.

Tempel Für die Juden war der Tempel in Jerusalem der Mittelpunkt der Welt und der Wohnort Gottes. Nichtjuden war der Eintritt verboten. Der Tempel wurde 70 nach Christus zerstört und nie wieder aufgebaut.

Zöllner trieben im Auftrag der Römer die Steuern und Abgaben ein und waren daher sehr unbeliebt.

Bibelstellen zu den Geschichten

Überraschender Besuch   Lukas 1
Ein besonderes Kind   Matthäus 2; Lukas 2
Eine gute Nachricht   Lukas 2
Der Stern über Betlehem   Matthäus 2
Die Flucht vor Herodes   Matthäus 2
Jesus ist verschwunden   Lukas 2
Johannes der Täufer   Matthäus 3; Lukas 3
Jesus lässt sich taufen   Matthäus 3
Jesus wird auf die Probe gestellt   Matthäus 4; Lukas 4
Der Menschenfischer   Matthäus 4; Lukas 5
Die Hochzeit in Kana   Johannes 2
Zweifler in Nazaret   Lukas 4
Jesus heilt einen Aussätzigen   Markus 1; Lukas 5
Der Gelähmte kann gehen   Markus 2; Lukas 5
Wer darf sich freuen?   Matthäus 5; Lukas 6
Wie soll man leben?   Matthäus 5; Lukas 6
Vom richtigen Beten   Matthäus 6; Lukas 11
Das Haus auf dem Felsen   Matthäus 7; Lukas 6
Ein gläubiger Römer   Matthäus 8; Lukas 7
Falsche Gesetze   Matthäus 12
Vom Säen und Ernten   Matthäus 13; Lukas 8
Jesus stillt den Sturm   Markus 4
Die Berührung   Markus 5, Lukas 8
Ein todkrankes Mädchen   Markus 5; Lukas 8
Jesus macht alle satt   Matthäus 14; Markus 6; Lukas 9

Simon Petrus versinkt   Matthäus 14
Der barmherzige Samariter   Lukas 10
Zwei sehr verschiedene Schwestern   Lukas 10
Jeder kann gerettet werden   Lukas 19
Das verlorene Schaf   Lukas 15
Der verlorene Sohn   Lukas 15
Steh auf und lebe!   Lukas 7
Wen mag Gott mehr?   Lukas 18
Jesus vergibt der Sünderin   Lukas 7
Von Kindern lernen   Markus 10; Lukas 18
Am Ende des Weges   Matthäus 16; Markus 10
Ein armer reicher Mann   Lukas 18
Gleicher Lohn   Matthäus 20
Lazarus, komm heraus!   Johannes 11
Ein anderer König   Matthäus 21; Markus 11
Jesus räumt auf   Matthäus 21, Markus 11
Der enttäuschte Judas   Matthäus 26; Lukas 22
Jesus wäscht seinen Jüngern die Füße   Johannes 13
Das letzte Mahl   Matthäus 26; Johannes 13
Im Garten Getsemani   Matthäus 26
Gefangennahme   Matthäus 26
Wenn der Hahn kräht   Matthäus 26
Das Urteil   Matthäus 26
Kreuzige ihn!   Markus 15; Lukas 23
Jesus wird gekreuzigt   Matthäus 27; Lukas 23
Jesus stirbt   Matthäus 27; Lukas 23
Das Grab ist leer   Matthäus 27/28
Endlich verstehen sie   Lukas 24
Der ungläubige Thomas   Johannes 20
Ich bin immer bei euch   Matthäus 28; Lukas 24; Apostelgeschichte 1
Der Heilige Geist   Apostelgeschichte 1

Inhalt

Überraschender Besuch 4
Ein besonderes Kind 6
Eine gute Nachricht 8
Der Stern über Betlehem 10
Die Flucht vor Herodes 12
Jesus ist verschwunden 14
Johannes der Täufer 16
Jesus lässt sich taufen 18
Jesus wird auf die Probe gestellt 20
Der Menschenfischer 22
Die Hochzeit in Kana 24
Zweifler in Nazaret 26
Jesus heilt einen Aussätzigen 28
Der Gelähmte kann gehen 30
Wer darf sich freuen? 32
Wie soll man leben? 34
Vom richtigen Beten 36
Das Haus auf dem Felsen 38
Ein gläubiger Römer 40
Falsche Gesetze 42
Vom Säen und Ernten 44
Jesus stillt den Sturm 46

Die Berührung 48
Ein todkrankes Mädchen 50
Jesus macht alle satt 52
Simon Petrus versinkt 54
Der barmherzige Samariter 56
Zwei sehr verschiedene Schwestern 58
Jeder kann gerettet werden 60
Das verlorene Schaf 62
Der verlorene Sohn 64
Steh auf und lebe! 66
Wen mag Gott mehr? 68
Jesus vergibt der Sünderin 70
Von Kindern lernen 72
Am Ende des Weges 74
Ein armer reicher Mann 76
Gleicher Lohn 78
Lazarus, komm heraus! 80
Ein anderer König 82
Jesus räumt auf 84
Der enttäuschte Judas 86
Jesus wäscht seinen Jüngern die Füße 88
Das letzte Mahl 90
Im Garten Getsemani 92
Gefangennahme 94
Wenn der Hahn kräht 96
Das Urteil 98
Kreuzige ihn! 100
Jesus wird gekreuzigt 102
Jesus stirbt 104

Das Grab ist leer 106
Endlich verstehen sie 108
Der ungläubige Thomas 110
Ich bin immer bei euch 112
Der Heilige Geist 114
Wichtige Begriffe 116
Bibelstellen zu den Geschichten 120
Landkarte 122

Bibliografische Information Der Deutschen Bibliothek

Die Deutsche Bibliothek verzeichnet diese Publikation in der
Deutschen Nationalbibliografie; detaillierte bibliografische Daten
sind im Internet über **http://dnb.ddb.de** abrufbar.

Die Schreibweise entspricht den Regeln
der neuen Rechtschreibung

1 2 3   07 06 05

© 2005 Ravensburger Buchverlag Otto Maier GmbH
Umschlagbild: Jan Lieffering
Umschlagkonzeption: Sabine Reddig
Textredaktion: Claudia Ondracek
Bildredaktion: Marion Diwyak
Printed in Germany
ISBN 3-473-34445-1

www.ravensburger.de

Die großen biblischen Gestalten

Max Bolliger/Silvio Neuendorf
**Das Ravensburger Buch
der Biblischen Geschichten**
In diesem liebevoll illustrierten Familienbuch erzählt Max Bolliger die Geschichten der großen biblischen Gestalten Joseph, Mose, David, Daniel und Jesus.
ISBN 3-473-**34360**-9